零基础学直播

从主播炼成、平台运营到流量变现

11个核心环节　**38**个关键技巧

杨海源　刘丽华 ◎ 编著

民主与建设出版社
·北京·

© 民主与建设出版社，2024

图书在版编目（CIP）数据

零基础学直播：从主播炼成、平台运营到流量变现 / 杨海源，刘丽华编著 . ——北京：民主与建设出版社，2024.7.——ISBN 978-7-5139-4660-5

Ⅰ．F713.365.2

中国国家版本馆 CIP 数据核字第 20242WF343 号

零基础学直播：从主播炼成、平台运营到流量变现
LINGJICHU XUE ZHIBO CONG ZHUBO LIANCHENG PINGTAI YUNYING DAO LIULIANG BIANXIAN

编　　著	杨海源　刘丽华
责任编辑	廖晓莹
封面设计	寒　露
出版发行	民主与建设出版社有限责任公司
电　　话	（010）59417749　59419778
社　　址	北京市海淀区西三环中路 10 号望海楼 E 座 7 层
邮　　编	100142
印　　刷	河北万卷印刷有限公司
版　　次	2024 年 7 月第 1 版
印　　次	2024 年 8 月第 1 次印刷
开　　本	710 毫米 ×1000 毫米　1/16
印　　张	13.25
字　　数	200 千字
书　　号	ISBN 978-7-5139-4660-5
定　　价	88.00 元

注：如有印、装质量问题，请与出版社联系。

前言 Preface

进入 21 世纪以来，随着互联网技术的快速发展和完善，直播行业快速度过了野蛮生长期，进入了规范化发展阶段。同时，随着 5G 技术的广泛应用，直播更是如鱼得水，甚至成了加速大众创业、自主就业的重要窗口。在这样的环境下，人人都可能成为流量入口。

直播的兴起、流量和粉丝经济的火爆，引发人们对入驻直播的渴求，也有人在入驻之前忧心忡忡：这么激烈的竞争，我还进得去吗？网红大咖云集，还有人关注我吗？

其实，直播行业属于一种网红经济，是依托互联网经济所形成的一种以流量为核心价值的经济模式，庞大的数据流量不仅能够依托广告获取收益，而且能够借助流量和人气影响力，将流量直接进行变现，如将粉丝转化为消费者、将优质内容转化为服务变现、通过版权获取收益。

相较于传统的电商而言，直播行业更具有优势。传统电商以推销产品为核心，很容易使人们反感，而直播却不然。直播是主播在线上与粉丝进行沟通、互动，主播需要以真诚的心对待粉丝，以满足粉丝需求、提升粉丝体验为目的，所以主播和粉丝之间不再是简单的商家与消费者的关系。

而且，与传统经济模式相比，直播行业中的大流量主播，拥有极为迅速的信息传播速度和极高的热度，也开始向精准的专业领域深耕。这种情况下，不同主播的私域流量池的粉丝纯净度也愈加精纯，所以虽然看似整个直播行业竞争极为激烈，但其实在具有特点的细分领域，每位主播都拥有机会。

从这个角度而言，直播行业其实依旧属于蓝海。同时，由于直播行业的主播需要对标目标粉丝群体，而粉丝群体又来自广阔的公域流量池，为了能够让更多粉丝接受和认可，主播在形象上不仅拥有非常鲜明的特点和风格，而且有自己的小弱点和瑕疵。但正是这种并不完美的形象特性，使得主播更容易受到粉丝青睐——主播就仿佛粉丝之中的一员，虽然颇具平民化特色，却更加真实，也更富魅力。

当然，虽然直播行业拥有非常强的发展潜力，但也不是随随便便入驻即可有所成就的领域。想在直播领域占据一席之地，同样需要丰富的技巧、长久的实践、不懈的坚持和不断的成长。

河北衡水职业技术学院出版资助

目录 contents

第一章　想直播，准备得到位　/　001

　　基础准备：请问，你准备好做直播了吗　/　002
　　入局准备：直播平台和运营逻辑的那些事　/　006
　　开播准备：策划是个细致活　/　013
　　文案准备：原来直播也是有剧本的　/　021

第二章　升级你的直播能力　/　025

　　一切由心：真正成功的直播，要从心开始　/　026
　　形象塑造：请记住，粉丝第一眼看到的就是你　/　039
　　必备能力：让你不做无头苍蝇　/　044

第三章　沟通，是直播间的日常　/　051

　　气氛调动：开场决定了你的直播效果　/　052
　　学会说话：直播间，话得这么说　/　056
　　喜欢沟通：不得不学的沟通技巧　/　061

成就个性：你的说话风格你做主 / **067**

第四章　让直播间永远处在你的掌控中 / **073**

热场宝典：赢气氛者赢天下 / **074**

救场宝典：应变能力面面观 / **080**

关系宝典：想说信任不容易 / **087**

控场宝典：细节，细节，还是细节 / **091**

第五章　想运营，就得先有足够的粉丝 / **097**

涨粉大法：粉丝——直播间的衣食父母 / **098**

"忠粉"大法：有了"铁粉"才有更高转化率 / **103**

引粉大法：技巧+痛点，一切为了粉丝 / **105**

第六章　运营的关键一步——会促销 / **109**

来吧，展示："相亲"全靠第一印象 / **110**

精准促销：一促激起千层浪 / **114**

激发购物：谁都渴望填满购物车 / **121**

第七章　运营场，营销靠技巧 / **125**

找准核心：用户=粉丝=流量=收益 / **126**

传播模式：适合你的才是最佳的 / **129**

高质直播：内容为王得靠自己打造 / **132**

目录

第八章　直播带货，成交才能变现 / 137

摆正态度：带的不是货，解决粉丝的问题才是目的 / 138

消除顾虑：你得知道粉丝付款前为什么纠结 / 141

引导成交：引导不能只靠嘴，得靠方法 / 145

见微知著：促成交易的小细节不容忽视 / 150

第九章　变现，靠的是你的流量 / 155

引流大法：要让流量流动起来 / 156

变现方式：想变现，就得看菜下碟 / 162

衍生变现：只要有流量，变现就不是难事 / 167

第十章　学会复盘，让更多流量变现 / 171

用户分层：一定要弄清楚粉丝的类型 / 172

变现爆点：复盘数据，聆听粉丝的声音 / 178

量身打造：做一个最宠粉丝的主播 / 183

第十一章　个人秀，你就是品牌 / 189

打造人设：特色才是无可复制的魅力 / 190

品牌基础：你的成功全靠粉丝 / 193

强化内核：让你的底蕴不断增值 / 197

自我推广：好酒也怕巷子深 / 200

第一章

想直播,准备得到位

俗话说,磨刀不误砍柴工。各行各业均是如此,直播作为网络时代的新兴宠儿,想要参与其中,自然也得做好充分准备。

基础准备：请问，你准备好做直播了吗

在决定参与直播行业之前，笔者希望任何一位渴求在直播领域长久发展的新人，都能够扪心自问一句："我准备好做直播了吗？"如果回答是肯定的，那么就需要从心态、底层逻辑和工具三个方面做好基础性准备。

稳心态——直播的风还能吹多久？

随着网络技术、智能手机技术的快速发展，直播行业的发展如火如荼，而且直播行业与电商行业的联姻，也使得整个直播领域开始快速形成消费群体，并推动着直播领域的直播带货成为一种新兴的销售模式。

而且，直播行业开始随着泛娱乐产业的生态闭环发展，成功形成了以直播带货为代表的消费模式。同时，直播领域的带货，也不再局限于单纯的实体产品，而是向精神和娱乐产品拓展，以便满足消费群体日益丰富的物质需求和精神需求。

随着通信技术、消费者的消费需求、产品的多样化变化、直播产业规范化发展，直播领域已经形成非常多态与稳定的营销闭环，即以厂家生产产品、主播推荐、消费者购买为主要环节的营销闭环。

其中，以泛娱乐产品为主的直播，则是以生产精神和娱乐产品为主形式的销售模式，这种方式减少了常规销售模式中的广告环节，也使得厂家（也包括主播为生产商的泛娱乐产品供应方）不需要中间环节即可与消费者接触，从而能够更多地让利于消费者，也推动了高质低价产品的出现和发展。

这种减少中间商的方式，使得厂家、主播、消费者均能够获得收益：一

是，厂家能够将原本需要广泛宣传的巨大成本，回归到保质保量的产品生产之中；二是，主播能够以自身的粉丝效应广泛吸引粉丝，同时为了确保粉丝能够得到实惠并维系自身与粉丝的关系，主播需要对产品的质量进行监督，并可以通过自身的尝试使用提高说服力；三是，粉丝之中的潜在消费者能够借助主播的宣传获得质量更好售后也更有保障的优质产品。

这也可以理解为，直播领域能够有效提高产品的销售效率、生产效率和生产质量，对整个消费品市场的良性发展有巨大推动作用，而且直播行业能够促成多方共赢，因此必然拥有极为广阔的未来发展空间。

擦亮眼——挖出直播的底层本质

直播行业如今发展得如火如荼，而且极大地带动了社会消费，之所以如此，就是因为直播领域拥有其内在的自生优势和底层逻辑，即直播行业依托的是主播流量消费的红利。

但在直播带货过程中，流量并不等同于销量，这主要在于直播的底层本质——直播过程依托的是人与人之间的信任与彼此交互沟通。

直播的过程中，主播需要以自身为纽带，形成自身与粉丝之间的信任关系，也可以理解为，直播过程之中之所以能够形成销售和购买，主要靠的是粉丝对主播的了解和信任，而主播想要获得更多的粉丝和流量，就需要和粉丝站在同一条战线，即并非一名普通、简单的推销者，而是一位和粉丝紧密联系、不断互动、相互了解的朋友或知己。

在直播的整个过程中，主播需要和粉丝之间进行真诚沟通，即使在后期，主播能够带动粉丝形成消费行为，其本质也是因为粉丝和主播之间形成了彼此的信任，而这种信任的纽带就是直播间的各种交互，包括粉丝对主播人品和心态的认可、对主播个性和风格的喜爱、主播对粉丝的关怀，以及主播对粉丝的维系。

主播在拥有属于自己的粉丝群体之后，依托自身与粉丝之间的交互和彼此的信任，再进行直播带货则会更加轻松自如，也更容易实现流量变现。之所以会如此，主要是因为作为"宠粉"的主播，会为粉丝考虑，并站在粉丝需求基础上，对各种产品进行性价比、质量、功效的评判，通过自身使用提前帮消费者完成决策。

最终，粉丝只需要简单地评判自己是否对产品有需求即可，若有所需求，自然可以放心购买，而不需要过多地怀疑产品的质量和性价比。正是因为主播和粉丝之间的交互，促成了粉丝对主播的信任，也正是因为信任主播，所以愿意接受主播所推荐的产品。

所以说，整个直播领域的发展，其最本质的底层逻辑就是人与人之间的信任与交互。作为主播，在入驻这个行业之前，就需要擦亮自己的眼，不要为一时的利益迷惑，只有真正获得粉丝的信任，并在后续直播过程中让这份信任能够持久存在，才能够在直播领域越走越远。

备工具——不能少了它

稳定住心态，了解清楚直播行业的发展趋势和未来前景，并知晓直播的底层本质之后，下一步就需要准备参与直播行业最基础的工具。这里的工具不仅包括直播相关的各种设备，还包括对应的场所和布景。

·这些设备，一个也不能少

要参与直播领域，必要的设备自然需要提前准备。直播作为一种以视频输出和音频输出为主的行业，首要的设备就是对应的摄像头、声卡和麦克风。

摄像头通常需要选择清晰度较高、性价比较高的产品，同时我们需要考虑自身的预算，在选择时主要参考对应的功能参数，包括动态分辨率、最大帧频、接口类型和价格。随着直播行业的快速发展，以及技术水平的不断提高，如今的高清摄像头价格并不太高，在千元区间即可找到非常合适的产品。

声卡方面，一般需要选择功能较为强大的独立外置声卡，虽然价格稍高，但却能够更好地满足直播过程中的各种需求。

麦克风主要有两类。一类是电动麦克风，又以动圈麦克风为主，其中还包括话筒与耳机结合的耳麦，这种麦克风极为便利，音质显得浑厚饱满，经久耐用，不过相对而言清晰度稍低，灵敏度也稍低。另一类是电容麦克风，这是一种需要接驳外置电源的麦克风，声音清晰度高、灵敏度高，但不耐摔且怕潮，如果主播所在环境噪声较多，容易出现声音嘈杂的现象。

主播可以根据自己的直播风格和特点选择合适的麦克风。如经常在外部开放环境直播的主播，最好选择动圈麦克风；而在固定室内环境直播的主播，则可以选择电容麦克风。

除这些视频输出和音频输出设备外，直播还需要配备相关的电脑、手机、直播支架、耳机等。主播可以根据自身的喜好和预算，选择最具性价比且自己喜爱的设备。

另外在直播过程中，若想保证视频输出的质量更好，还需要配备对应的灯光设备，以便实现不同的灯光效果和直播成像效果。具体的灯光设计，需要根据主要照明光、场景辅助光、轮廓光、背景光和顶光等几个不同光源类型的特点匹配设备。主要照明光是为了衬托主播；场景辅助光则是为了呈现场景；轮廓光则属于逆光，在需要特定效果时用以勾勒主播的轮廓；而背景光和顶光则能够烘托场所氛围。主播可以根据自己的直播风格和场所特征，灵活使用这些灯光，以便实现最佳的直播效果。

·没场所如何搭建直播间

参与直播行业，除了上述必备的各种直播所需设备之外，还需要布置对应的场景。直播的场景主要有两类：一类是外部直播的自然场景，另一类则是室内直播的布局类场景。

自然场景通常不需要主播进行布置，但需要在直播过程中选择对应的直播角度，而且需要拥有较为强悍的现场维系能力，以便在直播过程中出现路人或粉丝时，能够妥善沟通交流和进行问题处理。

布局类场景则通常位于室内，通常这个空间的大小在20～40平方米，过小的话容易影响主播的行动，过大则容易浪费空间，毕竟摄像头能够摄取的室内空间有限。具体使用多大的直播空间，主播可以根据自身的需要和现实条件进行选择。

另外室内直播空间还需要拥有一个既能匹配直播风格和特点，又能够展现主播个性的背景，但在设计原则方面，通常需要确保场所背景干净整洁、简洁大方，结合对应的灯光设计，与整个直播间的氛围和直播风格特点相一致。

而摄像头摄景范围之内的陈设和物品，同样需要主播进行精心的布置和设计。这些陈设和物品最好能够和直播内容、直播主题有一定关系，以便在直播过程中，能够快速形成陈设和物品与话题的关联，而且在摆放这些物品时，最好能够有条不紊、分类明确、整齐协调。

入局准备：直播平台和运营逻辑的那些事

当你做好了基础准备后，就需要开始进入入局准备阶段。在此阶段你需要广泛认识各种热门直播平台，然后冷静地进行选择，并且了解清楚一些底层的运营逻辑和直播过程中容易掉进去的"坑"，以便为后续的直播奠定扎实的基础。

选谁？别让这些"花"迷了你的眼

随着直播行业的风口愈加火爆，越来越多的行业平台开始切入直播领域，不但长期在直播领域深耕的各种平台开始飞速发展，如抖音、快手、B站，而且很多初期未涉及直播领域的大型流量平台也开始进军直播领域，如微信、淘宝、拼多多、小红书、知乎。

作为打算在直播行业长久发展的新人，首先需要对各个直播平台的特征有深入了解，这样才能够找到最适宜自身风格和特点的直播平台，也能够避免被各种各样的直播平台迷花了眼。

· 了解下它们的前世今生

在直播行业，有几个一直在直播领域进行深耕的平台，甚至可以说其诞生之始就拥有直播平台的特性，并在发展一段时间后推出了基于自身用户群体的直播平台。

其一就是 B 站。之所以最先提到它，是因为 B 站可以说是国内诞生很早的一个内容创作和分享的视频网站。经过数年发展之后，B 站正式引入直播。

B 站全称"哔哩哔哩"，是中国年轻世代聚集的一个多样化文化社区和视频平台，创建于 2009 年，拥有非常丰富的内容分区，其中主要的内容品类均开设了直播平台服务，包括生活、娱乐、游戏、动漫和科技等。

相比较其他平台而言，B 站更倾向于 UP 主原创视频和直播。直播最火爆的领域在游戏竞技、生活、学习等方面，而且用户群体的年龄主要为 18～35 岁。通常主播在进入直播领域前，会先进行视频投稿，当积累一定人气之后才会进行直播，可以说具有较强的稳定性，但同时周期也会稍长。

另一个则是快手。其前身是 GIF 快手，创立于 2011 年，最早是制作和分享 GIF 图片的应用；在 2012 年转型为短视频社区，开始进入分享生活和生产的平台发展期。2016 年，快手上线直播功能。

快手的平台定位，更偏向于让绝大多数用户拥有平等推荐的机会，因此更适合于尚没有流量和直播基础的新人。快手最大的特点就是平台分发出来的流量和曝光机会会尽可能平均，是一种去中心化的发展模式，从而会带给更多普通用户更多的曝光机会，当粉丝积累形成主播流量之后，这部分流量就会被主播牢牢把控，从而给予主播更多的发展机会。

再一个则是抖音，其本身属于今日头条孵化出来的短视频平台，但抖音的直播平台特点却并不同于今日头条，而是更偏向于通过优质视频审核进行对应推荐，因为很大一部分直播用户是由短视频引流进入的，所以创作者的短视频质量、播放量等将会直接影响直播效果。

抖音的整体定位与快手的定位稍有不同。如果说快手主打的是记录较为真实的生活，所面对和吸引的用户更偏向三、四线城市及广大农村地区，那么抖音平台的定位则更偏向于吸引一、二线城市的年轻用户，这就要求抖音短视频、直播内容等都需要更时尚、潮酷和年轻化。

而且抖音的推荐逻辑主要基于大数据分析的优势算法机制。用户所拍摄的短视频会在平台进行审核，根据大数据分析、用户需求，筛选优质内容进行更系统化的推荐，这也就使得抖音更重视内容质量。

当然推荐算法机制最大的优势在于，即使没有粉丝量的内容，若内容质量较高，同样能够由大数据进行分析之后，智能分发给对应需求的用户，从而可以促进新人获得推荐和用户关注。

·看看这些电商直播平台

除了上述这些综合性的直播平台之外，还有一大批直播平台是由电商平台开发的，因此就出现了一大批以直播带货为主的直播平台，主要集中在淘宝直播、京东直播、拼多多直播等电商平台旗下。

相较而言，这些电商直播平台更偏重电商机制，而不是娱乐机制，通常直播间会和电商店铺相关联，主播可以直接通过直播对店铺内的货品进行推介。也就是说，此类直播平台更加强调的是商品的销售情况，对直播过程之中内容的娱乐性并不太重视。

另外，还有基于微信自身用户资源搭建的视频号。因为其直播平台是基于微信基础上的，借用了微信强大的社交功能和庞大的用户好友关系，所以微信视频号的直播平台的主推荐机制是基于用户自身社交关系的熟人推荐，更具连带效应和信任度，其最大的价值就在于能够更轻易地打造个人IP。

而且微信的视频号直播，能够通过场景创造的形式，进一步激活微信朋友圈，从而加强朋友之间的情感维系。

除了这些直播平台之外，其实还有很多平台正在向直播领域发力，不同的直播平台有其独特的属性和优势，也因为不同的连带关系而拥有不同类型的用户，所以想要入驻直播界的主播，需要针对自身的特点、风格、预期发展方向等，选择一个最适宜自身直播内容和类型的直播平台，一方面能够培养差异化粉丝群体，另一方面则能够获得更加长远的发展路径。

要入局，就得学会、避开一些"坑"

要想入局直播行业，除了对各直播平台特点有足够了解，并根据自身特点和未来发展选择最适宜自身的直播平台之外，主播还需要懂得一些直播运营的底层逻辑，同时需要了解直播行业的各种"坑"，以避免因为犯错影响自身在直播界的发展。

·你的"成长"需要时间

直播作为一个竞争极为激烈的行业，想要入驻其中并发展的主播，除了要了解运营的底层逻辑之外，还要知道什么阶段该如何运营。就如同一个人的成长，有婴儿期、幼儿期、学龄期、青春期、成年期、青年期、壮年期、衰退期、老年期等，不同的阶段需要关注的方向也有所不同。

直播行业同样如此，要想做好直播的布局，就必须洞悉从参与直播间开始到最终成熟的各个阶段，并针对不同阶段的特点采用不同的运营手段，这样才能够有效盘活粉丝群体。

虽然不同的主播成长速度不同，不同成长阶段所需的时间也会有所不同，但是多数主播的成长过程都需要经历以下几个阶段。

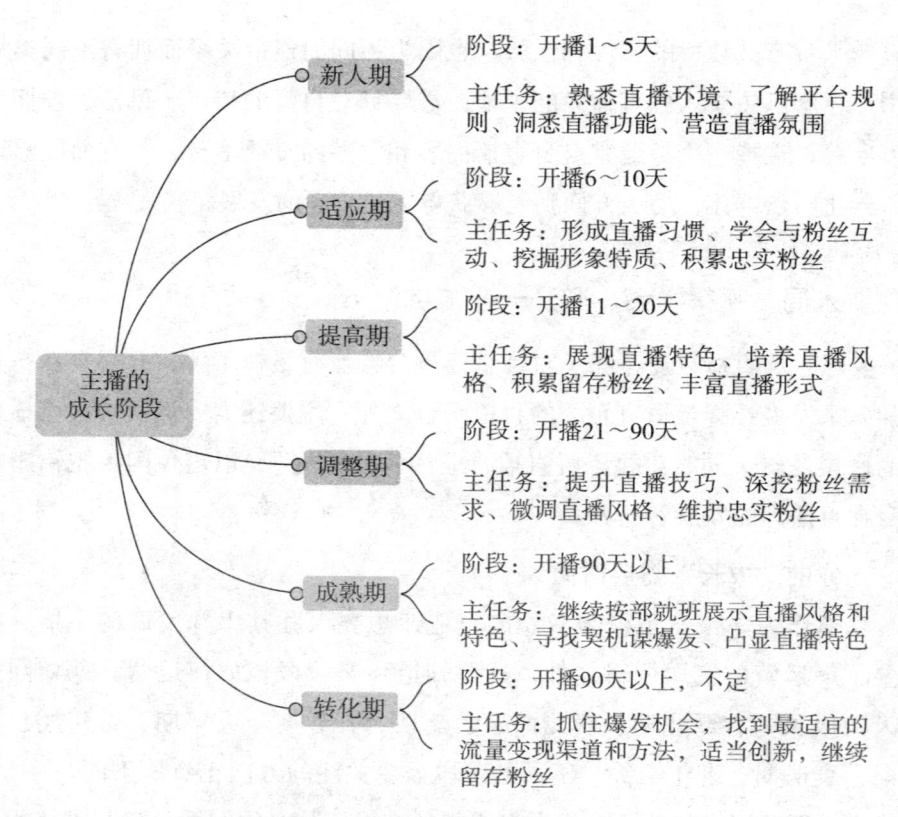

```
                                    阶段：开播1～5天
                        新人期
                                    主任务：熟悉直播环境、了解平台规
                                    则、洞悉直播功能、营造直播氛围

                                    阶段：开播6～10天
                        适应期
                                    主任务：形成直播习惯、学会与粉丝互
                                    动、挖掘形象特质、积累忠实粉丝

                                    阶段：开播11～20天
                        提高期
                                    主任务：展现直播特色、培养直播风
   主播的                            格、积累留存粉丝、丰富直播形式
   成长阶段
                                    阶段：开播21～90天
                        调整期
                                    主任务：提升直播技巧、深挖粉丝需
                                    求、微调直播风格、维护忠实粉丝

                                    阶段：开播90天以上
                        成熟期
                                    主任务：继续按部就班展示直播风格和
                                    特色、寻找契机谋爆发、凸显直播特色

                                    阶段：开播90天以上，不定
                        转化期
                                    主任务：抓住爆发机会，找到最适宜的
                                    流量变现渠道和方法，适当创新，继续
                                    留存粉丝
```

主播的成长阶段

在刚刚开播的 1～5 天，你还属于新人期，最主要的任务就是要熟悉直播平台的整体环境和具体的规则，了解直播平台的各种功能，以及熟悉直播过程中的各项内容和节点，了解直播节奏，并逐渐形成独属于自己的直播氛围，同时开始与粉丝形成连接和沟通。

开播 6～10 天，经过数天的熟悉，你需要快速从新人期过渡到适应期，尤其需要适应与粉丝进行沟通互动，并且需要逐步总结和形成属于自己的直播习惯，通过与粉丝的沟通互动，逐步完善你的形象，强化你的直播特色，并借助初步积累的粉丝，培养和挖掘其中具有忠实粉丝潜力的粉丝。

开播 11～20 天，通过十天左右的熟悉和适应，你对直播平台的功能和规则等已经非常熟悉，这时你就需要调整心态，进入提高期。你需要根据自身的定位，逐步明确属于你的直播风格，同时将强化的直播特色不断进行展示，借助挖掘到的忠实粉丝，吸引更多粉丝向忠粉转化。为了能够满足更多粉丝的多样化需求，你还需要听取粉丝的意见，匹配对应的直播形式，以便塑造丰富多彩的直播效果。

开播21～90天，此阶段你的直播能力已经逐步显露，粉丝数量也开始逐渐增多，但是你与粉丝之间的沟通交流互动还不够默契，这就需要你在此阶段维系好已有粉丝，并沉下心吸取粉丝的意见，挖掘粉丝的潜在需求，借机提升你的直播技巧，同时根据粉丝需求调整直播风格，让其和你的人设、特点更加匹配。

开播90天以上，此时你的直播风格已经非常凸显，你对直播技巧的使用也已经非常娴熟，相对而言你已经进入直播成熟期，粉丝数量的成长也会进入平稳状态，粉丝向忠粉转化的比例也会比较稳定。此阶段你需要将你的直播特色进行强化和总结，并尽量将你的直播特色和你的人设定位进行完美融合，打造出独属于你的IP，并寻找对应的契机，以谋求爆发。

当你的直播风格非常凸显，直播也已经进入成熟期后，你就需要谋求机会进行爆发。这些机会包括各种时事热点、活动、促销手段等，根据这些爆点，你可以寻找最适合你的流量变现的渠道和方法，同时结合你的直播风格和直播特点，适当进行创新，以掌握挖掘留存粉丝、转化忠粉的手段，推动你的直播事业蒸蒸日上。

上述所说的阶段，并不是完全固定的时间节点，不同的主播在运营直播间的过程中，也会经历不同的阶段和时间跨度，但在不同阶段运营的底层逻辑并没有发生太大变化，主播完全可以根据自身所处阶段，通过找到运营重点有效提高直播效果，为在直播行业持久发展奠定基础。

· 这些规则应了解

随着直播竞争变得更加激烈，整个直播行业也从开始的野蛮生长期进入规范发展期，各大直播平台也开始规范化运行。在此过程中，作为主播必须了解清楚对应的规则，以避免自己掉到"坑"里，被限播甚至被禁播。

第一条是直播过程中要遵纪守法。一方面是需要遵守国家的法律法规，另一方面是需要遵守直播行业的规范。若直播间违反国家法律法规，自然会使直播受到影响，轻则禁播，重则封号乃至承担法律责任。

而直播行业规范，则需要主播着重进行梳理，尤其是一些专业话题，可能需要有对应的资质认证方能探讨，而且直播平台的监测功能也在不断完善和强大，这就要求主播慎言慎行，避免违规。

第二条是着装一定要规范，比如，一些国家机关工作制服不能在直播间出现，只要出现就违规。女性着装则需要格外注意不能过分裸露，直播过程中还需要防止走光，即使是无意间走光，被监测到也属于违规，为了展现身材，穿较薄、紧身、与皮肤色相仿的修身服装，也可能会被认为违规，所以主播必须注意并尽可能减少违规可能。

除了着装之外，一些直播间的行为和动作也需要格外注意，需要避免产生歧义，否则也可能会因被认为违规而影响直播效果，甚至可能会被暂时禁播。

第三条是带货时的各种宣传广告，一定要遵守对应的法律法规，如《中华人民共和国广告法》。主播在进行对应的介绍时不得夸大宣传、虚假宣传、违规宣传，尤其是一些容易涉及敏感功效的产品，推荐时必须注意用词和用语。

另外就是直播间中最好不要出现未成年人，尤其是未成年人不得参与直播运营，即使带货也不能由未成年人担任模特。当然，在各种集体活动、娱乐活动直播时，未成年人可以在成年人陪同下出现在直播间。

第四条是一定要注意直播画面不能长时间无人。这里所说的"不能长时间无人"并非必须出镜，而是说直播过程中主播不能长时间离开直播间，通常主播离开数分钟平台就会开启提醒，若提醒多次依旧无人就会涉及违规，这一点需要新人主播注意。

第五条是千万不要进行录播，即不能用录制的内容代替直播。既然打算入驻直播行业并长久发展，主播就需要投入真心，认真面对这个行业。录制内容可以作为直播宣传和推广所用，但真正直播过程中，一定要避免使用录播的内容，这不仅涉及平台违规，而且会让粉丝感觉主播根本不重视粉丝，从而极大影响直播效果和主播自身的发展。

在直播过程中，因为直播间都是全公开的，所以难免会有一些黑粉出现，这些粉丝通常会与主播辩论、抬杠、抹黑，若主播在直播过程中落入黑粉的圈套，就会严重影响直播效果，会使直播间氛围严重恶化，最佳的处理手段就是不予理会，当遇到黑粉时直接将其禁言、拉黑，避免其在影响自身心情的同时，也影响其他粉丝的心情。

开播准备：策划是个细致活

做好基础的准备和入局的准备后，在开启直播之前，你还需要进行详细的策划，其中包括熟悉直播方向、准备对应的内容，以及规划具体的直播大纲脚本。

三大金刚——坚固的直播三角

要开播，选择最适宜的平台、学会直播运营的底层逻辑后，还需要架构起属于你直播间的三大金刚，形成属于你的坚固直播三角，即起一个好账号名称、熟悉对应的直播技术，以及定位和直播风格契合的产品等。

·你先得有个好名字

其实，直播行业的主播，也类似于影视娱乐圈里的各个演员一般，观众对主播和演员的第一印象，自然是名字。一个和主播的风格、个性相关的好名字，能够为主播带来正向的宣传效应，更容易让用户记住。

当然，名字的好坏必然有其相对性，但从直播领域来看，有些名字出现之后根本不会激起任何浪花，这样的名字自然无法引发粉丝的关注，相对而言就属于差名字；而有些名字能引起粉丝联想，并激发粉丝一窥究竟的欲望，自然而然能够增强直播效果，相对而言就属于好名字。

试想一下，在网络中，当我们看到由一堆数字、一堆字母组成的名字，第一感觉是好像一位过客，从而也就不会对其产生进一步的关注。差名字有以下几个特点。

第一个特点就是名字又长符号又多。名字长就会难以记忆，也难以形成深刻印象。而符号多，一方面会让名字不容易读，甚至根本读不出来，自然也就不会有口口相传的优势；另一方面则是花里胡哨又不实用。

不论是一堆数字还是一堆字母，抑或者夹杂各种字符、表情等，都会让名字俗气又不易记忆，甚至粉丝想帮你宣传一下都无法脱口而出，长久下去自然会让粉丝感觉厌烦。

第二个特点就是名字实在太过大众化，甚至会和其他主播的名字重复。过分大众化的名字，在显得俗气的同时，没有象征性和独特性，根本无法激发粉丝的喜爱之感。

第三个特点就是过分拗口又带生僻字。虽然这样的名字不会和其他人重复，但是过分拗口的名字很难让粉丝脱口而出。如果带几个生僻字，会让很多人读不出来，或者会直接认错。

一个好的主播名字，一方面是必须朗朗上口、简单好记，另一方面还得足够新颖有特色，能显现出自身的独特之处。

除此之外，能够展现和符合主播的直播风格和个性，甚至一些才艺特点也可以放到名字上，从而直白地体现出主播的特点。这样的名字不仅能够吸引粉丝的关注，而且能够进一步调动粉丝的兴趣，从而有利于激发直播效果。

• **关注直播领域的技术发展**

整个直播行业的发展，自然离不开快速发展的通信技术的支撑。直播行业的火爆与快速兴盛，其实广泛得益于4G技术的成熟和5G技术的发展，但是随着整个直播行业影响力愈加庞大,直播对技术的要求也愈发苛刻。

在4G技术时代,4G网络的局限性愈发凸显,广泛的用户群体同时进入一个直播间就会出现直播卡顿、延迟和模糊等问题,这就会严重影响粉丝的观看体验和参与体验。

但好在如今正处在4G技术向5G技术过渡的关键时刻,5G技术的研发和应用,为直播领域的发展带来基础的技术支撑,尤其是庞大的带宽和顺畅的连线,能够让直播过程更加清晰流畅,从而带给广大用户更好的参与体验。

5G技术能够为直播行业提供必要的技术支撑,从而可以实现直播领域的全品类推荐、全场景展现和沉浸式体验。

全品类推荐就是直播不一定必须推荐各种实体产品,还可以为受众提供服务、娱乐和精神需求类产品,让整个直播领域的产品更加丰富多样。

全场景展现则是指借助5G技术推动线上和线下完美融合,即虽然整个直播过程是在线上呈现的,但是5G技术却能够实现主播和粉丝的实时互动,甚至能够实现主播、粉丝、厂家、线下店铺的多方互动。

沉浸式体验是指,在5G技术支撑下,粉丝能够借助主播的视角,切实感受到产品的使用体验,主播可以直接将自身使用产品的体验以VR技术呈现给粉丝,这样粉丝就能够更直观地感受到产品的优势、质量,主播则能够从消费者角度进行对于产品的实时推介,最终形成更加便捷的购物流程。

当然,如今直播间还未实现消费者与产品亲密接触这种实时体验,但相应的技术已经在向直播领域渗透,这就需要主播关注相关技术的发展,以便能够在技术普及时快速布局。

· 直播间要有"货"

入驻直播行业,最终的目的自然是流量变现,拥有了流量,要想实现变现自然需要有对应的"货",也就是对应的产品。不过直播间里的产品,并不仅仅是有形的产品,还包括各种无形的产品。

对刚刚进入直播行业的主播而言,最开始的直播间里可能没有任何有形的产品,因此可以说,在开播准备阶段,直播间最重要的"货",就是以主播为载体的各种无形产品——知识、课程、口才、娱乐手法、思想见解等。

也可以理解为，直播间中其实并不缺乏各种有形的产品，更重要的是无形的产品，这些无形产品才是直播的真正内容，而内容的好坏决定了直播的深度，决定了直播间的火爆度。

为打造直播间中的无形产品，主播需要进行持久不断的知识输出，这里的知识不仅包括硬知识，即类似课程中的硬性知识普及，还包括各种生活常识的普及。

在这个竞争激烈的时代，直播间产品拥有足够的内涵，才是直播间能够持久发展的真正根基，即使经过一定时间的积累和发展，主播成为坐拥大批粉丝和流量的大咖，同样需要不断地创新内容，而最佳的内容创新就是在直播内容中融入特定的知识。

随着知识付费等观念逐步成为主流，进入直播行业的主播，也需要拥有足够的知识，才能够建构起足够有深度的直播。

要想让直播中的知识和粉丝形成共鸣，主播就必须做到观点逻辑清晰、足够权威，同时主播所普及的知识需要做到可以解决现实生活之中对应的问题。另外，知识的积累和普及，能够逐步改变粉丝的认知，包括增加粉丝的见识、实践经验等。

大纲策划——有规划才能不迷茫

进入直播行业，并不是头脑一热直接开播就可以的，而是需要做好对应的策划准备，尤其是对直播大纲的策划，其能够有效规划整个直播过程的方向，从而确保主播在直播过程之中不会迷茫。

直播大纲策划，能够帮助你梳理直播的整个流程，从而能够推动直播有条不紊地进行，同时还可以规范和管理你的直播话术，确保在直播过程中能够指导你的互动形式，还能够辅助你在直播结束之后对整个直播过程进行复盘和反思总结，从而不断提高直播效果。

直播大纲的策划，需要从多个模块进行完善，其中包括直播的目标、直播的类型、直播的时间、直播的主题、整个直播的流程和细节、直播的推广和宣传，以及最后的直播总结。

直播目标就是你打算在这场直播之中，想要达到何种目标。目标需要进行细化和量化，能够引导你按部就班地实施。比如，在刚开播阶段，因为你对整个直播平台的规则、直播间的特点、设备熟悉度等都还有所欠缺，所以最适宜的直播目标就是快速熟悉直播间的布局、平台特性、设备使用等，以便快速进入直播状态。而对这些拥有了初步认识之后，下一步的直播目标就需要进行变更，比如，适应直播间的习惯、逐步寻找更适合自身的直播话术、对粉丝进行熟悉和简单管理。

直播目标是引导你直播的方向和动力。在初始策划时期，你需要尽可能明确你的直播类型，即你未来直播的发展方向。如向游戏直播、才艺直播、电商带货直播方向发展，还是向互动式直播、知识课程直播方向发展。只有明确了直播类型，才能够有效锁定对应的受众群体，也才能够在后期形成属于自己的独特直播风格。

直播的时间，需要在初期策划阶段进行明确。一方面需要根据你所确定的直播目标和直播类型，选择恰当的时间段开启直播；另一方面还需要分析目标粉丝群体的生活习惯和时间需求，而且你在确定直播时间后需要对其进行固定，准时开播并严格执行时间管理，这样更有利于粉丝群体的习惯养成，也能够逐渐树立你的直播形象。

直播的主题其实就是弄清楚你直播打算告诉粉丝哪些内容，尤其是开播初期的直播主题，必须明确，因为此时你尚且没有形成粉丝群体和黏性粉丝，没有明确的直播主题就将无法保持整个直播过程方向不变。

明确直播主题可以从你的目标、类型和具体内容方向归纳总结，比如，目标确定为游戏解说主播后，那就需要你对特定的游戏进行总结归纳，形成不同的主题，包括升级秘技、微操技巧、智能卡怪等。

直播的流程和细节，则需要你根据直播主题和期望的直播效果，规划出来对应的流程，而且策划最好能够贯穿整个直播过程，也就是需要将时间因素也考虑进去，同时需要对各种细节进行策划，包括互动的时机和手段、强化主题的活动或游戏等。

直播的推广和宣传，需要在开播之前就进行。首先需要对直播的核心内容进行凝练；然后运用简洁的语言进行概括，务必让任何人一眼看过就知道直播的大概内容；之后借助直播平台的引流通道、自身的媒体平台宣传路径等，将直播预告散播出去，以便吸引更多观众来观看直播。

最后的直播总结，通常在直播结束之后进行，但可以在直播大纲策划阶段就将直播总结列出，以便你在直播结束之后能够按照总结规划对直播过程进行回顾，寻找和发现问题，总结直播过程中的优势、劣势、问题，找到激发和强化优势的路径，并挖掘出提升的手段和方法，对问题进行总结和解决，以便不断完善自己的直播。

预告先行——没预告谁知道你播什么

准备工作完成之后，其实就已经可以正式开播了，但是若想要开播就能够有一定影响，并快速积累一定的粉丝、获得一定的效果，那就需要做一件比较重要的事，就是对你的直播进行预告，毕竟，没预告谁知道你要直播什么。

· **贴标签要精准**

直播行业其实和做媒体类似，同样需要设置最契合自身的内容标签，如同卖场或店面在销售过程中，也会贴上对应的标签：低价高端尾货、高折扣真皮皮鞋等，其实这些标签最大目的就是能够让用户一目了然地清楚到底你卖的是什么货物。

直播行业同样需要设置标签。一个精准的标签能够获得更多的平台推荐机会和曝光度，也更容易吸引粉丝关注，而且设置精准的标签还有助于主播深耕垂直内容。

设置直播标签，需要根据你的直播内容核心、特点等进行明确，而且既然是标签，字数不能过多，可以偏向直播方向多设置几个并不重复但归属为

第一章　想直播，准备得到位

同一个领域的标签。在设置多个标签时最好能够使用表达方式和特征相似的关键词，而且不能偏离你的直播类型。

比如，你的直播间是游戏解读方向的，那么设置标签时，你就可以设置几个你期望解读的热点游戏标签，所用的解读性关键词，也需要相似，从而在粉丝心中形成一种你的直播非常专业化的感受。

有些直播平台拥有热门直播标签推荐。在进行直播之前，最好能够选择好对应的标签，以便在一个方向不断深耕，并逐渐提高你的直播间在该领域内的权重和优势。

随着直播次数的增加、粉丝量的积累、直播风格的逐步形成，你还可以针对原有的直播标签进行独具自身风格的细化，以便凸显自己的特点和优势。

· 做好直播预告设置

其实，直播预告所包含的内容并不多，只需要展现三个内容即可：一个是直播的时间预告，一个则是直播内容的标题预告，还有一个是综合前两者的直播预告封面展示。

任何直播间要进行直播，自然需要有一个具体的时间节点，即什么时间开启直播，而要对直播时间进行预告，则需要在特定的时间节点把预告发布出去，以便让用户清晰地知晓你到底会在什么时间节点开启直播（还可以包括直播的时间长短）。

发布预告的时间自然要比真实直播的时间节点更早。通常情况下，直播的预告可以在直播前一段时间进行发布，如果你设定的直播节奏是一周一次，那么就可以在开播前一周发布预告，还可以在直播平台或其他宣传平台倒计时预热直播。

直播预告的封面，类似于营销的宣传海报，也是最吸引用户关注的展示面板。类似于图书的封面，在用户尚不知道其中的内容时，会以看到封面的第一感觉为准，决定是否进入直播间。

基于直播预告封面的重要性，主播需要在展现预告封面时，务必仔细分析目标粉丝群体的喜好、需求和特点，以便做出足够吸引目标粉丝眼球的封面。

直播预告封面，通常需要使用完整图片，不可有拼接和边框，文字必须精简。要想足够吸引人，可以在图片中设置直播内容的引申影像、主播形象、卡通人物等，需要确保图片的风格与直播内容的风格和特点相匹配。

直播的预告封面，还需要与直播标题进行匹配，毕竟图片是为了吸引眼球，而直播标题才是真正展示直播内容特色和内容核心的重点。一个好的封面搭配一个精准的标题，才能够更好地吸引粉丝关注。

要想得到关注，直播的标题就需要满足粉丝好奇心、紧扣粉丝兴趣点，同时还需要足够简短、精确，需要对你的直播内容乃至风格进行尽可能精准的展示。

直播标题最好不要超过十个字，要精简又极具概括性，能够第一时间让粉丝洞悉直播核心。具体的标题内容，可以是直播目的，也可以是与直播内容相关的关键词，但必须展现出直播的亮点。

比如，若开启直播后打算以聊天为主，那么就要充分表现直播聊天的特色与核心，最好的方法就是把直播聊天的主题内容进行提炼，以类似标签的词汇做关键词，辅以对应的风格，如"让尬聊变嗨聊"。

如果是给粉丝带来福利的直播内容，那就将"宠粉"作为关键词，辅以你在直播间打算给予粉丝的福利，从而吸引粉丝的注意，同时提高粉丝们参与的积极度。

标题需要展现出的亮点，可以是技巧方法，也可以是福利优惠，更可以是内容亮点。不论是哪种形式，只要能够和直播封面匹配，在吸引粉丝眼球的同时能够激发粉丝一窥究竟或积极参与的欲望，那么这份直播预告的效果就达到了。

文案准备：原来直播也是有剧本的

虽然看似直播仅需要主播开启直播间，并在直播间与粉丝形成互动、真诚沟通，最终借助自己的技巧将粉丝转化的流量变现即可，但其实直播可不是头脑一热直接上手即可火爆的。任何能够长远运营的直播都需要创作对应的文案——直播的剧本，这是让主播实现引流和达成营销目的的关键所在。

直播的剧本，从主题开始

一场直播想要获得粉丝的青睐，增加粉丝量，从而扩充自身的流量池，就必须拥有一个既吸引眼球又能满足众多粉丝需求的主题。

· 让热点和流行内容贯彻主题

直播的主题，一方面需要和主播的定位相匹配，即主题需要和主播期望深入的直播内容息息相关。比如，一位美食制作主播，如果确定一个旅游推荐的主题，肯定就无法让粉丝信任和认可；而如果一位游戏主播，却制定一个美食主题，自然无法吸引粉丝的关注。

另一方面，直播的主题需要拥有一定的吸引力和社会广泛关注度，最佳的主题规划方向，就是让直播的主题和时事热点、流行元素等相联系，借助这些本就饱受人们关注的内容，吸引粉丝进入，是最简单的设置主题的方法。

需要注意的是，主播不能仅仅将对于时事热点或流行元素的呈现停留在主题表面，而是需要在直播过程之中不断穿插、探讨相关话题，以便形成持久的直播吸引力。

也就是说，直播的主题最好能够和时下热点或流行时尚内容相关，因为直播的主题不仅是整个直播的风向标，也需要被主播贯穿在整个直播之中。没有一个好的主题，自然无法在竞争激烈的直播领域脱颖而出。

一个好的直播主题，通常需要包括三个特点：一是展现出主题的特色，如游戏主播就需要体现游戏特色，美食主播就需要展现美食特色；二是表达出所涉及直播内容的特点，如游戏主播要对哪些游戏直播必须直白展示；三是直播的主题必须具有实时性，并贴近粉丝的日常生活，这样才能让粉丝感觉足够接地气。

·好的主题也需要好的标题予以呈现

在网络时代，网络世界充斥着庞大的信息和数据，很多人是因为一个吸引眼球的标题才会稍稍驻足。直播行业同样如此，即使借助时事热点或流行元素设置了非常好的直播主题，但要想让这个主题被粉丝看到并青睐，还需要一个好的标题予以呈现。

毕竟"人靠衣装马靠鞍"，直播的标题就如同直播主题的经典修饰物，最佳的标题形式，就是在标题之中融入对应的流行词汇，尤其是网络上非常热门和广受追捧的各种网络词汇、短语等，若能够和直播主题相联系后被制作成标题，必然会广泛吸引粉丝的眼光。

当然，社会时事热点、流行元素虽然层出不穷，但作为主播也不可能将每一个直播标题都和流行词汇相联系，除了这种提升标题亮点的手法之外，还可以采用提问式标题和陈述式标题。

提问式标题可以采用反问、疑问和提问等，这种标题通常能够有效增加标题的悬念，从而引发粉丝的兴趣。

反问其实在标题中就已经阐述了观点和答案，只是被设计成反问方式，引发受众思索背后的逻辑关系。

疑问就是直接提出问题，通常问题需要和直播主题密切相关，而且需要有亮点关键词，如一个游戏主播，打算直播一场"双头龙"首战，就可以用"今天能搞定双头龙吗？"作为标题，疑问的模式能够引发粉丝的兴趣。

提问则通常采用方法型提问，引导粉丝思考如何"寻找解决问题的方法"，以便吸引粉丝关注。通常方法型提问可以用"如何"引出问题，以粉丝期望解决的实际问题为方向设计提问式标题，即可广泛引起目标粉丝的注意。

陈述式标题是普通陈述句型，因此想要吸引粉丝，就必须使用各种特色的修辞手法。通常采用的修辞手法包括比喻、对偶、拟人、谐音梗等，主播可以根据直播的主题方向和自身的直播风格灵活运用。

直播的过程，有了剧本才更有谱

有了直播主题，设计了直播标题，其实仅仅能够吸引粉丝进入直播间，要想在直播过程中让粉丝留存，并将粉丝转化为属于自身的流量，同样需要为直播的过程设计剧本，也就是需要对整个直播过程进行文案创作和整体规划。

首先是直播整体的宣传文案，其中包括预热时的宣传文案，以及直播过程中的文案。

一般预热宣传文案需要突出主播特点、直播主题、内容特色和具体的时间，让粉丝能够一目了然，最好使用图片展现。在进行预热宣传时，还可以巧妙设置悬念，以便广泛吸引粉丝的注意和思考，引发粉丝渴望进入直播间解开悬念的欲望。而且这个设置悬念的过程，完全可以成为直播过程中与粉丝互动的引子，即以悬念来引发粉丝的参与和探讨。

直播过程中的文案，比较基础的就是对整个直播的过程进行时间安排，最好能够制定出时间流程大纲，包括各种关键性节点、流程模式、进度推进方法等，完全可以用表格的形式予以呈现。具体的文案内容需要根据不同的直播风格、直播内容进行总结和设计，比如，作为游戏主播，要在直播中进行粉丝非常感兴趣的一项首战，那么就需要明确直播开始后，前期铺垫与引发粉丝兴趣和参与热情的时间节点，到了对应的节点开始正式进入游戏，游戏进行过程中遇到的问题等何时进行解答，如何引导粉丝提问，在首战之中遭遇情况该如何应对，如果失败该如何做，如果成功又该如何做……这些在文案之中都应该予以呈现，以便使文案成为直播过程的框架和引导。

不论直播的内容和直播的主题到底是什么，在创作直播文案时，都可以通过巧妙使用数字来增加冲击力，比如前面所说的游戏直播，完全可以把最高攻击数字呈现出来，以便在游戏之中进行对比和冲刺，有效带动粉丝的热情和参与度。

创作直播文案时，主播还需要从粉丝角度出发，充分融入情感，以便引导整个直播过程充满情感。人毕竟都是情感生物，真诚能够换取信任，幽默能够换取娱乐，只有真正为粉丝着想，以粉丝为本，时刻透露出主播对粉丝的关怀和尊重，整个直播过程才能够更加顺畅。即使直播过程中遭遇一些小意外或小问题，粉丝也会非常大度地原谅。

直播文案创作完成后，如果期望达到最佳的直播效果，最好能够依托这个剧本进行彩排，这是一个寻找问题、发现问题、解决问题的过程，也是推动直播过程顺畅进行的最佳方法。

作为主播，在彩排过程中必须保持头脑清醒，并针对各种情况进行思考，而且需要为彩排预留足够的时间，以便在发现问题之后能够有解决问题所需的充足时间。

需要注意的是，虽然进行了彩排，也充分挖掘了可能遇到的问题并找到了解决方案，但在真正直播过程中，不可能整个流程都会按彩排的流程走，这就需要主播拥有一定的应变能力，以确保在出现偏离主题的时候能够及时将粉丝引导到正确的方向上来。

第二章

升级你的直播能力

要参与直播行业,除了基础的硬件准备之外,主播还需要一些必备的基本直播能力,而且这些能力需要在主播的整个直播生涯之中得到展现,并需要不断地提升和完善。

一切由心：真正成功的直播，要从心开始

真正成功的直播，从来不是靠各种各样的套路，想要在粉丝心目之中拥有一席之地，就需要如同在现实生活中一般，做人做事从心开始。有句话是："心之所向，行之所及。"说的就是心中有了前进方向，行动起来自然就会朝目标所指引的方向前进。

直播同样如此。你的目标和方向，一切由心。这里的"心"，就是你的态度、心境，只有摆正态度、稳定心境，才能够在直播之中保持清醒。

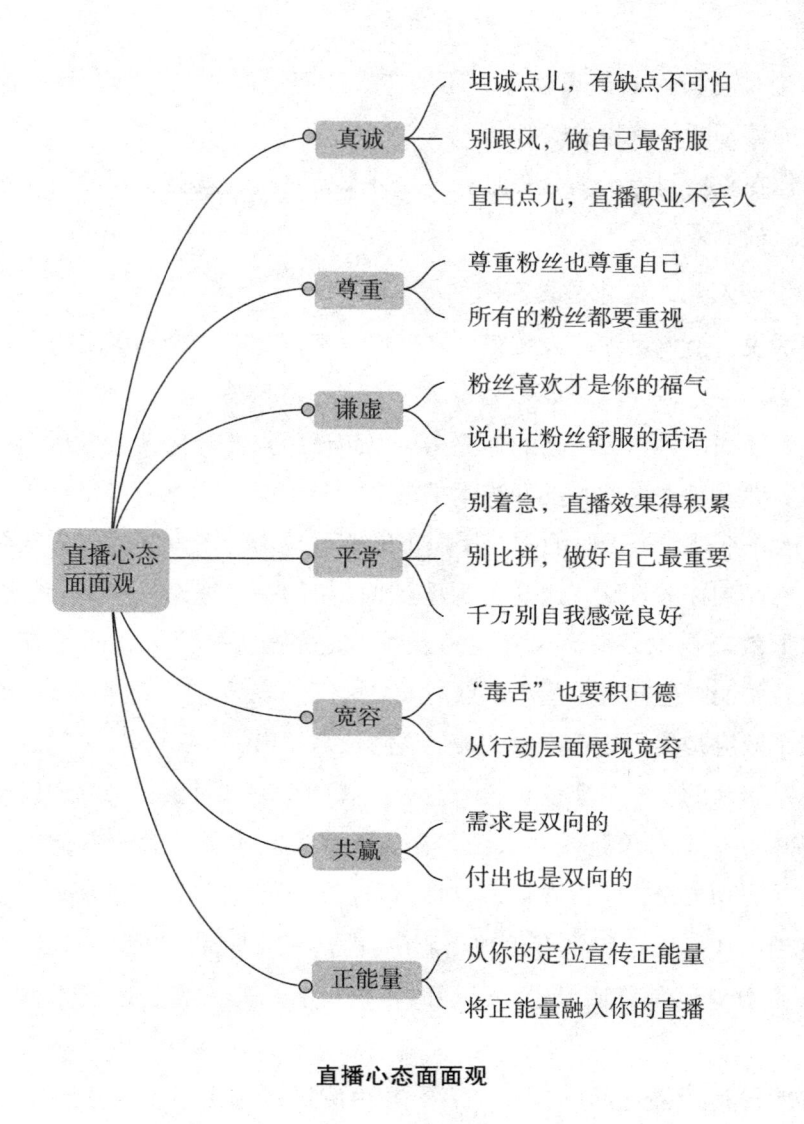

```
                    ┌─ 真诚 ─┬─ 坦诚点儿,有缺点不可怕
                    │        ├─ 别跟风,做自己最舒服
                    │        └─ 直白点儿,直播职业不丢人
                    │
                    ├─ 尊重 ─┬─ 尊重粉丝也尊重自己
                    │        └─ 所有的粉丝都要重视
                    │
                    ├─ 谦虚 ─┬─ 粉丝喜欢才是你的福气
                    │        └─ 说出让粉丝舒服的话语
                    │
  直播心态           ├─ 平常 ─┬─ 别着急,直播效果得积累
  面面观   ─────────┤        ├─ 别比拼,做好自己最重要
                    │        └─ 千万别自我感觉良好
                    │
                    ├─ 宽容 ─┬─ "毒舌"也要积口德
                    │        └─ 从行动层面展现宽容
                    │
                    ├─ 共赢 ─┬─ 需求是双向的
                    │        └─ 付出也是双向的
                    │
                    └─ 正能量 ┬─ 从你的定位宣传正能量
                              └─ 将正能量融入你的直播
```

直播心态面面观

真诚——真心才能换真心

在大多数人的认知中,网络世界是一个虚拟的世界,充满了虚幻,但是在直播间中,主播和粉丝每天相处数小时,在各种互动之中,人与人之间的隔阂、面具逐渐消融,从而形成了一种极为真实的氛围。

想要在直播行业中长久发展下去,就必须秉承"以真心换真心"的态度，不论是与粉丝的沟通互动，还是在直播间里的一言一行，只有保持真诚，才能够不断俘获粉丝的心。

当你在直播间中少一分套路、多一分真诚之后，就会发现原来粉丝才是最真实、最可爱的人。

· 坦诚点儿，这才是真实的你

俗话说：金无足赤，人无完人。世界上本就没有十全十美之物，人更是如此。

在直播间中，作为主播的你完全可以坦诚一点儿，大大方方地承认自己的弱点，尤其是在一些相关知识本来就是短板之时，你完全可以回答"不知道"，这并不是什么丢脸的事，反而更能够展现出一个真实的你，从而能够让粉丝感受到你的真诚。这其实涉及心理学里的一个理论——出丑效应。

出丑效应是说，最受人喜欢的人并不是完美无缺之人，而是有一定成就、比较精明，但却有一些小缺点的人。

这个效应是美国心理学家艾略特·阿伦森（Elliot Aronson）通过一个实验所总结出来的。他的实验也很有意思：找四个测试对象，录制四段情节类似的访谈。一个对象是成功人士，在访谈里谈吐不俗、大方自信；一个对象同样是成功人士，不过在访谈时稍显羞涩，还因紧张打翻了水杯；一个对象是普通人士，访谈时没有出现出彩的发言，不过心态平稳，丝毫不紧张；最后一个对象也是普通人士，访谈时不仅没有出彩发言，还紧张得打翻了水杯。

将四段访谈播放给一群测试者，并由测试者选出最不喜欢和最喜欢的人。最不喜欢的毫无争议，花落第四位访谈者——不出彩又紧张的普通人。而最喜欢的人很出人意料，并不是第一位访谈者，而是第二位访谈者。

阿伦森也由此得出了"出丑效应"，就是对于有所成就的人而言，瑕疵不仅不会影响人们对他的好感，还会让人们在心理上更信任、更喜爱他——因为他足够真实。

虽然做直播的你所取得的成就可能并不太出彩，但是能够坦诚显露自己的弱点和不足，就足以让粉丝感受到你的真诚。当然，一般直播间里的很多话语肯定是经过了设计和润色的，所以当真正的弱点暴露时，以尴尬表情或一个不失礼貌的道歉式微笑来反馈，只要能够让粉丝感受到你的真诚和坦然，就必然能够获得多数粉丝的理解和支持。

· 跟风多难受，不如做自己

如今直播行业发展如火如荼，不论是才艺展现方向、知识普及方向，还是生活日常点滴方向、衣食住行方向，都有大批主播涉足。在这样的环境下，竞争自然会非常激烈。

为了能够在直播界逐步站稳脚跟，也许你会寻找一个和自己同方向的主播进行跟风，希望得到粉丝的青睐。

但是如果这种跟风和你的个性、风格相悖，岂不难受至极？而且粉丝真正渴求的，是一个能够坦然表现风格与个性、真诚又有特色的主播，之所以新人主播容易被粉丝带节奏，主要是因为粉丝对主播还不够了解，因而自然会用惯例来加快对主播的认识，无形中使新人主播被带节奏。

当你想进入直播行业时，大可不必纠结于是否跟风、是否让粉丝带节奏，完全可以撇开这些，踏实做真实的自己！当然，做真实的自己并不是不考虑直播内容，你的风格肯定需要和直播内容相匹配，并在此基础上显现出独属于你的个性。

在直播过程中做真实的自己，不仅轻松自然，而且能够让粉丝感受到你的真诚，自然而然地产生亲近之感。

· 你就是以此为生，为何怕人知道？

直播其实是一种职业，尤其是对于全职直播的参与者而言，直播就是你的全部职业，也就是说，你需要以直播的收入作为生活来源，这本就无可厚非。

所以当你决定进入直播行业之时，就应该坦诚地承认自己就是以此为生的，并直接让所有的粉丝知晓。虽然你在直播过程中完全不需要去套路粉丝打赏、送礼，但是直接让粉丝明白你就是以此为生的，自然能够让粉丝感受到你的真诚。

以街头表演艺术为例。作为街头表演者，必然明白不是所有的路过者和围观者都会打赏，但只要表演者能够心无旁骛、真诚地去展现自身的才艺和能力，自然能够得到一部分路过者和围观者的打赏，或者是对才艺的打赏，或者是对真诚之心的打赏，抑或者是对勇气的打赏。

直播行业同样如此，虽不去奢求粉丝在你的直播间打赏、送礼，但展露出属于自己的真诚和坦然，是身为主播必须做到的。你完全可以明确告诉所有进入直播间的粉丝：我以此维生，你的关注能够给予我极大的支持，你的消费也是我重要的收入来源。

以真诚的态度去面对粉丝，能够让粉丝感受到你的真心，也才能够赢得更加辽阔的未来。

尊重——看清楚：人人平等

直播行业其实是粉丝经济。任何主播，不论大小，其实都是依托于粉丝才能够建立起自己的粉丝群体和流量矩阵的，而流量则是主播成功的关键。

但是很多主播却会对粉丝群体进行区分对待，尤其会对时常打赏的粉丝情有独钟。这种做法其实已经决定了直播之路必然不会长久，因为这种做法所呈现出来的是对粉丝群体的不够尊重。

在直播过程中，任何粉丝其实都是主播的支持者，只有尊重每一位粉丝，才能够最大限度地获得粉丝并使自己的直播事业长久下去，因此在发展和壮大过程中，主播要在展现自身个性的同时，尊重每一位粉丝。

·你和粉丝是平等的

直播过程中，主播需要与粉丝进行平等沟通，同时需要尽可能满足粉丝的需求，但这种满足需求并不是让你成为提线木偶，而是运用自身的智慧和方法，让粉丝认识到你和粉丝也是平等的，彼此是互惠互利的。

也就是说，作为主播，在直播间面对粉丝时，应该以平等的态度去面对所有粉丝。一方面在职责范畴之内，主播应该尽可能满足任何一位粉丝的正常需求；另一方面也需要恪守自身的底线，不合理的需求便无须满足。

这就需要主播能够在直播过程中逐步形成自己直播间的直播文化，以特定的文化感受和态度，提高粉丝的归属之感。在此基础上，主播还应该和粉丝建立起特定的联系，这需要主播不断通过与粉丝的互动提高粉丝的参与感，并能够让粉丝在直播间获取自己所需要的东西。

· 对所有粉丝都要一视同仁

其实在直播间中满足粉丝的需求并不太难，最难做到的是主播对于粉丝的态度需要一视同仁，也就是说必须秉持所有粉丝都平等的态度去满足粉丝的需求，而不是仅仅将目光和注意力集中在粉丝群体中的忠实粉丝。

要知道，所有忠实粉丝其实都是从普通粉丝蜕变而来的，甚至普通粉丝最初也都是路人而已，他们是因为感受到了你的魅力，并在直播间获得了满足，因此才对你逐步熟悉并成为粉丝。

随着在直播界打拼的时间不断增加，你的粉丝必然会越来越多。在粉丝数量快速增加的同时，作为主播，你必须学会让所有粉丝都可以受益的技巧。要做到这一点，可以从规则制定角度着手。

俗话说：无规矩不成方圆。直播间作为一个微型社交圈，同样需要拥有一定的规则。在制定规则的过程中，作为主播一定要让粉丝感受到你对他们的平等态度，即需要给予所有粉丝公平公正的机会，而且可以在制定规则时，让粉丝进行参与和评价，积极去关注粉丝的反馈，以便能够让直播间的规则不断完善。

谦虚——你不是大佬，不要迷失自我

有些直播间里的主播就如同一个掌控者，能够左右直播的内容和直播的节奏，甚至能够主导和影响粉丝的情绪。这种体验很容易让主播产生一种错觉——我就是直播间的大佬。

这种错觉容易让主播逐渐迷失自我，从而逐渐形成一种趾高气扬、指手画脚的习惯，仿佛主播成了直播间的主宰一般，甚至会对粉丝颐指气使。这种颐指气使会在很大程度上从主播的直播风格、表情等方面展现出来，一段时间后，必然会受到粉丝排斥，轻则掉粉，重则丢失人心。

毕竟，整个直播过程，粉丝最期望感受到的是轻松、娱乐和自由，而不是被人指挥，甚至被人指手画脚。你不是大佬，粉丝也并不欠你任何东西。成功的主播，必须保持谦虚态度，以粉丝为绝对的核心，提高技能，避免因为自身的弱点、缺陷损害主播在粉丝心中的形象。

·把自己培养成粉丝喜爱的人

从直播行业的底层逻辑来看，主播和粉丝其实是一种相互成就的关系：主播带给粉丝想要的，包括愉悦感、自由感、轻松感，也包括娱乐、情感方面的满足感；粉丝则能够给予主播精神上的鼓励和支持、流量带来的经济收益，以及成就感。

也就是说，直播行业中的主播和粉丝是相辅相成的。在直播间中，粉丝关注主播是因为这些粉丝喜爱这位主播，但这种喜爱还有一层含义，那就是主播满足了粉丝心中的一种诉求。

作为主播必须以粉丝的喜爱为核心，努力让自己更符合粉丝喜爱的状态。人无完人，虽然有些弱点和缺陷也无伤大雅，甚至能够让粉丝感受到真诚，但其中的一些缺点却可能会影响粉丝对你的喜爱程度。

对于这类缺点，在拥有一定粉丝基础之后，一定要有针对性地进行弥补，以避免这些缺点有损你在粉丝心中的形象。即使粉丝都已经知道了你的缺点，也不要片面地认为粉丝会喜欢这些缺点，而是应该真诚地认识自己并不断去完善、提升自己，一定要让粉丝清清楚楚看到你正在努力改变。

·嘴边必须得有个"把门的"

直播行业需要主播和粉丝进行沟通交流，所以说话沟通就成了直播界最日常的行为。对于主播而言，说话其实属于一门艺术，有些话在直播间根本不该说，一旦说出口就可能会造成非常严重的影响，尤其是当粉丝量达到一定数量后，主播的一言一行都会影响千千万万粉丝，这就要求主播的嘴边必须得有一个"把门的"。

就是说，主播在说任何话之前，尤其是和粉丝互动、回答粉丝问题等过程中，必须三思而后行，话在出口之前必须以谦虚之心对说话内容进行组织，以免因为口无遮拦而损害你在粉丝心目中的形象。

不论是粉丝提起何种话题，作为主播，都应该在回答之前快速想一想，哪些话才是粉丝渴望听到的，更应该清楚哪些话绝对不能出口，否则让粉丝不舒心，必然会影响直播效果。

平常——摸准脉，别被带跑节奏

如今的直播行业不仅是一个竞争极为激烈的行业，更是一个充满变数的行业，再加上粉丝群体鱼龙混杂，各种比拼、讥讽层出不穷。也许今天直播间一个活动会多出数万粉丝，但明天另一个直播间的拉新就会抢走大批粉丝。

也就是说，整个直播间的粉丝数量变化极大、忽高忽低，直播效果也天差地别，这就需要作为主播的你，拥有一颗宠辱不惊、不计得失、坚持不懈的平常心，而且一定不能被带跑节奏。

·心急吃不了热豆腐

直播行业作为一个热门行业，竞争已经十分激烈，作为决定入驻直播行业的新人而言，千万别过分急切，毕竟心急吃不了热豆腐。

一方面不能急于求成，想一口吃个胖子，尤其是刚刚开播就渴望粉丝数暴涨、流量激增，这完全是不现实也不正常的一种心态。在入驻直播行业之前，你就应该清晰地认识到：付出和回报必然成正比。所以千万别苛求几次直播就成就高光，只有保持一颗平常心，提升自身的同时不断坚持，按部就班，积少成多，才能够在直播行业中健步而行。

另一方面不能急功近利。直播行业处于激烈竞争状态，本来是一种能够激励我们不断提高和完善的环境，只有通过竞争发现不足并进行针对性提升，我们才能走得更远。

切记，不能为了一时的争先，过分透支自身潜力，比如急切表现自我，这样很容易因为急功近利之心丧失自我个性，甚至突破底线，最终得不偿失。

还有一点就是不能好高骛远，尤其是不要新进直播行业就制定一个根本不切实际的目标。其实不论在任何行业发展，都是一个循序渐进、不断积累的过程，妄图一日爆红完全不切实际。比如，看其他主播粉丝暴涨就向对方看齐，丝毫没有看到对方的长久坚持、努力和积累。

·别总抱着一颗比拼心

虽然直播行业竞争激烈，但这也并不意味着一直抱着一颗强烈的比拼心就是好事。

在前些年直播行业野蛮发展期，曾经宛如雨后春笋般出现了一大批直播平台，有很多主播抓住了难得的机会，获取了丰富的收益以及海量的粉丝。然而，随着直播行业逐步发展进入平稳期，野蛮生长的大批量直播平台倒闭、被并购，这也使原本在这些平台直播的主播不得不重新入驻大平台，可积累多年的粉丝群体却一去不返，只能从头再来。

这时如果依旧抱着一颗比拼之心，肯定会出现心态不稳的现象。其实，在时代变迁和社会发展过程中，万物的兴衰迭代本就是自然规律，直播行业自然不会例外，经历这种极大落差的主播，必须维持一颗平常心，才能够快速调整自身，重新开始并借助已有经验再次完成跃升。

而刚刚进入直播行业的"小白"，可能也会遭遇这样的情况：一日涨粉无数，收益爆棚，但第二日却门可罗雀，仿佛昨天的情形就是梦境，甚至还会和其他主播进行涨粉比拼，期望能够一直独占鳌头。

这种比拼的心态其实非常不可取，良性的竞争是一种循序渐进、推动提升和发展的比拼，但一直抱有比拼的心态，势必会增加压力，甚至变为负面压力。最适合的做法，就是以平稳的心态对待每一天，认识到直播行业的特性，升不可傲，降不可馁。

·自我感觉很容易骗人

在进入直播行业一段时间后，可能会成绩稳定发展迅速，这种状态下很容易让人产生一种"自我感觉不错"的心态，甚至可能会由此生出"我还是很厉害"的感觉。

其实这种心态和感觉，非常容易让人懈怠乃至陷入危机，毕竟如今的直播行业竞争愈加激烈，若带着"自我感觉不错"的心态直播，很容易油然生出一种在粉丝面前极具优越感的状态，这其实是非常危险的。

所以千万不要在整个直播生涯中，过分自我感觉良好，即使在获得海量粉丝流量之后，依旧需要保持一颗平常心，每日直播都要认为是一个新的开始，平常对待、平稳发展才是王道。

而且在进入直播行业一段时间后，稳定的粉丝数量、较少的流言蜚语和批评否定，也容易让人产生安于现状的心态，自我感觉不错，但这样却很容易被淘汰。毕竟在直播行业竞争激烈的当下，个人直播的发展宛如逆水行舟——不进则退。过分安于现状，上升和提高的动力就会不足，到最后必然会被粉丝所抛弃。

宽容——谁还能保证不犯错？

可能你会认为，直播间中哪有宽容一说？其实，作为主播而言，虽然在进行直播时需要依赖粉丝的支持，但是从本质来看，主播的确掌控着直播间的话语权，这就很容易让主播忽略自身对粉丝应有的宽容。

尤其是当一些粉丝因为言语或做法得罪主播之后，很多主播就会通过话语权，对这些粉丝进行惩罚。其实，和主播期望粉丝能够包容自己一样，粉丝也同样期望主播能够拥有一颗包容心。

·"毒舌"也得留口德

很多以"毒舌"为人设的主播，会习惯性地怼人。虽然"毒舌"人设这种言谈模式非常吸引人，但作为"毒舌"主播，同样需要留一定的口德，毕竟，言语本身就是一把双刃剑。粉丝进入直播间，目的是获得愉悦、舒缓压力、排解情绪，若再遭受主播毫无底线的"毒舌"，势必会让粉丝感觉宛如遭遇了网络暴力。

基于此，不论是何种人设的主播，都需要留有一定口德，不能得理不饶人，而是需要以一定的包容之心、宽容之态对待粉丝，这样才能让粉丝感受到轻松愉悦。

·宽容需要做出来

在直播过程中，主播的宽容并不是简单的态度，而是需要真真正正地做出来，尤其是当粉丝说错话之后，主播的一句简单的安慰或解释，都能够让粉丝体会到宽容，从而有效获得粉丝的好感和支持。

另外在直播过程中，作为主播一定不要刻意去挑粉丝的语病，毕竟谁都没法保证不犯错，尤其是有时候粉丝是基于对主播的欣赏和支持，又期望能表现自身的与众不同，所以会使用一些并不太恰当的言语。

此时，作为主播应该及时表达自己接收到粉丝心意的态度，并借用直播优势来化解粉丝的尴尬，避免问题被扩大化。尤其是不能直接去纠正粉丝的用语，毕竟直播过程中主播和粉丝的沟通交流重在心意，只要彼此能够了解到心意，言语之间有些瑕疵根本无伤大雅。

共赢——大家好才是真的好

粉丝不仅是主播成长的见证，更是主播得以发展的基石，可以说任何一位主播的发展，最佳的效果就是实现粉丝和主播的共赢，大家一起成长一起变好，这才是真的好。

从这个角度来看，决定进入直播行业之时，作为主播就应该秉承一个基本的心态：要和粉丝实现合作共赢。即你的成长和发展，都是建立在粉丝的基础之上的，只有用心沟通交流，彼此关心爱护，彼此支持，最终才能够获得成功。

·了解粉丝需求的同时，也要让粉丝知道你的需求

既然需要在直播过程中秉承彼此合作共赢的态度，那么你在进入直播之前，就应该先了解清楚粉丝的不同需求，以便有针对性地进行满足，而在直播过程中，你也需要让粉丝们知道你的需求，以真实面貌面对彼此，最终才能够形成合作共赢的关系。

从粉丝角度来分析，我们可以发现粉丝的需求非常多样，但普遍会有一些共性需求，比如获得轻松愉悦感，即排解现实生活中的压力、缓解情绪问题；

又如，通过沟通交流来满足社交活动需求、获得自己需要的知识、引发更多的关注等；再如通过对主播才艺、特点、风格的赞美和支持，获得情绪价值。

而从主播角度来看，粉丝就是支撑你直播事业发展的根基，虽然主播知道粉丝对自身是非常重要的，但在直播过程中还是有一部分主播对粉丝的态度没有走上正轨：只是将自己当作一个商品，静静地在直播间展示自我。

这样的做法，其实根本没有实现彼此的合作共赢，最佳的做法是，在直播过程中，主播应该积极主动让粉丝知道你的需求：我需要你们的帮助、你们的支持、你们的关爱。

·认可粉丝付出的同时，也要让粉丝了解你的付出

主播和粉丝的合作共赢，需要建立在彼此了解需求和相互认可的基础上，主播能够认可粉丝的付出，同时要让粉丝了解到你的付出。

俗话说：没有付出便没有回报。在直播过程中，粉丝的付出，主播最好能够以自身的成长、变化等予以呈现，也就是说主播需要通过直播间，让粉丝感受到他们的付出在发挥作用，类似于：因为粉丝们的打赏、支持、关注，主播也在变好，你们的付出让主播发生了巨大的变化。

同时，主播还需要在直播间让粉丝们了解自己的付出。主播同样是在不断成长和发展的，但这种成长和发展，很多时候在直播间并不那么容易被粉丝所发现，这就需要主播能够展现出自己的付出。

当然，这种展现自己付出的方式不能过于生硬，而应该融入主播日常与粉丝的沟通交流中，且不同风格和主题方向的直播间，也需要不同的付出，这些付出都应该让粉丝了解：粉丝们消耗了时间、金钱，获得了愉悦、满足了自己的需求；主播则付出了精力、时间，乃至健康。

正能量——心正不怕影斜

直播虽然看似和如今的关键词"正能量"关系不大，但是若没有正能量的支撑，整个直播行业必然岌岌可危。只有主播不断宣扬正能量，才能够让正能量不断影响粉丝，也才能够形成更稳定的社会氛围。

· 正能量也要接地气

作为主播，宣扬正能量需要具有普世效果，即能够被广大粉丝轻松感受和接受，也就是说，宣扬正能量时，你不能说得过于高大上，而是要落地、通俗。

如运动方向的直播间，就要宣扬适当运动健身能够让身体更健康；如知识普及方向的直播间，则需要宣扬知识的提升作用。同时，主播还需要借助正能量来激励粉丝。

· 让正能量融入你的直播

任何一个直播间，因为主播个性的不同和主题不同，都会形成不同的风格，这就要求主播能够在直播过程中，将正能量和自身的风格相互融合，在不偏离主题风格的基础上，不断宣扬正能量。

而且要想让正能量融入你的风格，你就必须做到一个前提：在你的内心深处，真正认可所宣扬的正能量。

可能很多主播会感觉在直播过程中融入正能量好像很难，其实这主要是没有找对方法，不论哪种主题和风格，正能量其实都能够潜移默化地在直播中进行融入，如运动直播，"适度运动促进健康"就是最适宜宣扬的正能量，主播完全可以通过一步步记录自身适度运动的变化，推动粉丝感受到这种正能量，最终促使受到鼓舞的粉丝更加关注自身的运动和健康。又如游戏竞技直播，团队协作、友谊竞技的正能量就极为适合推广，能够让粉丝感受到竞技游戏的愉悦和刺激的同时，对团结合作有更加深入的理解。

形象塑造：请记住，粉丝第一眼看到的就是你

作为主播的你需要先转变态度和心境，但这仅仅是你自身的转变，要知道作为主播必然需要面对时刻变化的粉丝群体，所以你必须时刻牢记：粉丝第一眼看到的就是你，你必须在每一次直播之前，塑造好自己的形象，以便带给粉丝一个最佳的印象。

打造你的第一形象

有一句话：你的形象价值百万。一个人的形象，其实主要包括外在形象和内在形象两个方面。当两个形象融合之后，最终呈现在众人面前的就是属于你自身的独属形象。

• 无外在形象不吸粉

作为一名主播，自然需要拥有一定的外在形象，只是，这里的外在形象并不仅仅是指长相容貌，还包括对应的服饰搭配、妆容表现等内容。

其实，狭义的外在形象只是长相，这也使得很多主播陷入了一个误区：拥有好的外在形象就更容易拥有粉丝。但真正走上直播之路才会发现，长相漂亮在直播行业中只是一个稍微有些优势的天赋而已，对粉丝、流量、直播效果的影响其实微乎其微。毕竟在如今的网络社会，长相漂亮的人比比皆是，这也使得粉丝对好的外在形象并不会有太大的惊奇感，也自然就谈不上"拥有好的外在形象就更容易拥有粉丝"。

要决心进入直播界，即使并不具备很好的外在形象，同样也能够吸引足够的粉丝，这就需要借助你对粉丝的态度来完成蜕变。

作为主播虽然不一定必须具备好的外在形象，但拥有好的外在形象却整日不修边幅、蓬头垢面地进入直播间，肯定也不会得到粉丝的青睐。也就是说，作为主播不论长相如何，一定要展现出对粉丝足够尊重的态度，每次进入直播间，都应该精心整理妆容、搭配对应的整洁服饰。

最适宜的妆容，就是洁净的皮肤搭配浅淡的妆效，这一方面会为你的外在形象加分，另一方面也会提高粉丝的观看体验。而且，适宜的妆容需要充分考虑你自身的条件，包括肤色、脸部瑕疵、五官匹配等因素，都需要匹配适宜的美化效果。

服饰则是对主播气质进行拔升的绝佳手段。俗话说得好：人靠衣装马靠鞍。任何人搭配最适宜的服装饰品，就会带给人截然不同的视觉感受，作为主播更应该如此，服饰应该根据自己的身体条件、直播风格和主题特点、粉丝的审美需求等各个方面进行调整。

服饰方面既需要适宜自身的身材和年龄，也需要考虑到自身的风格个性，呈现出自己的特点；同时需要匹配直播间的特点，如果是运动方向的直播间，那自然就不适合搭配正装，而是以运动装最适宜，这种服饰的匹配还需要考虑到妆容特点和直播风格，以避免出现格格不入的观感；再者就是需要考虑到粉丝的审美需求，需要注意的是在展现美感、得体的基础上，一定要避免过分暴露。

· **由内到外都美才是真的美**

对于整个直播行业而言，外在的形象只是一块敲门砖或者说是加分项，并不是真正决定你直播效果的关键因素，真正的关键还是你的内在形象。

一是你自身的素质和内涵。相信没有任何一个粉丝能够长时间喜爱一位颜值很高、妆容庄重、服饰搭配适宜，但是却一直脏话连篇、脾气暴躁、情绪不可控的主播。如果拥有较好的"颜值"，却没有匹配的内在，在粉丝的心目中，你可能还不如一枚美丽漂亮的花瓶。

所以作为主播，一定要不断提高自身的素质和内涵，虽然难免也会出现情绪波动，但却能够良好地控制情绪波动，不骂人、无脏话，即使生气、委屈、难受、兴奋，也应该恰当表现，而不是无可把控。

二是你的精神面貌。直播是一项非常耗费精力的职业，但作为主播面对的是广泛的粉丝，一个良好的精神状态和阳光正面的态度，才是粉丝喜爱和期望感受的。

同时你的精神面貌，还体现在直播过程中你的亲和力方面。"冰山美人"虽然会在一定阶段吸引粉丝，但是在长久拒人于千里之外的冰冷感熏陶下，粉丝会避而远之。

三是主播自己的审美习惯。可能大家最直接的感觉是这样的：主播的审美习惯，难道在直播间也能非常直白地体现吗？当然，尤其是能够在直播内容方面进行展现。

塑造形象的基本功——明确人设

粉丝进入直播间的第一眼看到的就是你，那如何才能够让你的形象给予粉丝深刻印象？这就需要你必须拥有塑造个人形象的基本功，即明确和塑造最适宜自身的人设。一个清晰的人设定位，不仅能够辅助你打造独特的风格特色，也能够逐渐成为独属于你的 IP 和品牌。

·给自己一个最适合的人设

"人设"一词其实最早出现于动漫人物设定方面，是指通过对人物形象的设计，包括依据外貌特征进行服装样式设计、性格特点分析、身份背景和经历设计、个性和行为习惯设计等，塑造一个能够给予人深刻印象的形象。

进入网络时代后，人设逐渐开始运用到个人形象打造的范畴。在直播行业，主播的"人设"其实就是主播自身在直播过程中，逐渐打造而成的一个富有主播性格特征和行为习惯的形象，之后这个形象被粉丝广泛认可和欣赏，最终这种状态和形象就成了人设。

随着直播行业逐步发展，主播为自己打造一个适宜的人设，已经成为包装自己、促进自身被更多粉丝接受和认可的行为。通常打造人设后，人设就会成为主播最鲜明的个性化标签，具有其独到的特点和辨识度，也更容易让主播和粉丝形成互动。

通常情况下，主播的人设可以和自身特点相融合，且最好的人设是既有其独到之处，也有其真实的弱点和缺陷，这样一个不够完美但却更接近粉丝的人设，更容易让粉丝接受。

需要注意的是，虽然主播的人设可以和真实的形象不一致，但最好不要和自身真实形象严重脱离，尤其是一些经历、个性、习惯等，最好能够和自身相匹配，这样也能够有效避免长久打造的人设遭遇问题后崩塌。

打造适宜自己的人设，可以从外貌、服饰风格、兴趣爱好、行为习惯、身份特征等角度着手。

人设需要符合自身的外貌特点。如果是个一身腱子肉、喜欢健身的帅哥，自然就不能定一个"萌萌哒"的人设标签，因为实在无法匹配外貌。

服饰风格则需要满足自身的喜好和气质，同时需要展现出属于自己的风格和人设定位，如果人设为职场风格，自然就不能搭配一身休闲装。

兴趣爱好方面，最好能够和自己真实的兴趣爱好相同或相关，因为在直播过程中，难免会有粉丝提出针对兴趣爱好的问题，若主播不是真心喜欢，根本无法展现出从内心深处散发的喜爱感。

行为习惯其实和性格相关，最好能够和真实的自身性格匹配，当然直播间内的你需要展现的行为习惯是更加讨喜的状态，而不是毫无遮掩地将所有弱点也完全展示出来。

身份特征最好能够根据你过去的身份或成绩以及现在的身份进行明确，尤其是职业身份，必须有所关联，也必须足够熟悉，这样才能够以此为话题侃侃而谈。

需要注意的是，人设作为一个标签，也必须符合"人无完人"的设定，不能过分完美，但瑕不掩瑜，只要你所打造的人设足够受欢迎，有些缺点或弱点则更显得真实。

· 人设也是需要经营的

主播的人设，其实类似于进入新企业之后的一次自我介绍。要想这个人设能够成为个性化标签，在之后的一段时间就必须进行良好的经营，其基本的原则有三个。

一是在固定的时间进行直播，尤其是刚入驻直播行业的主播，需要在很长一段时间内选择最适宜的固定时间段开启直播，而选择哪个时间段，则意味着选择了哪些粉丝群体。

如一般晚间直播场，因为绝大多数粉丝晚间都会休息，所以会有更多的闲暇时间进入直播间，但这个时间段也是竞争最激烈的时间段，毕竟此时间段粉丝群体最大，为了争夺粉丝，直播间自然就成了各大主播的竞争场。

而中午场和早间场则相对轻松一些，但相比而言吸引的粉丝群体也会有所不同，作为主播应该根据自己的特点和风格，选择更适合吸引期望粉丝群体的时间段进行直播。

二是最好能够保持一段时间的固定形象。这里的固定形象不仅包括外貌、妆容、服饰特点，还包括声音、眼神、才艺、行为特点等，同时包括直播间的布景、直播角度、开场形式等。

诸多因素会构建出一个非常立体化的直播形象，在入驻直播界的初期阶段，这个直播形象需要固定下来，以便逐步打造属于你的主播形象和人设风格。

三是一定要确保一段时间拥有固定的直播间特色，也就是直播风格必须固定一段时间，如你在策划阶段明确了幽默搞笑风格，那就需要坚持下去，并每天提升自己的能力，同时在直播过程中还需要根据粉丝的状态和反馈，轻微调整属于自己的风格，以便逐步找到最适宜自己的直播风格和直播特色。

必备能力：让你不做无头苍蝇

作为一名主播，并不是进入直播间和粉丝聊聊天，其他什么都不用去管就能够成长的。除必要的沟通能力之外，还有一些是入驻直播界必备的能力，拥有这些能力，才能够在直播界更好地发展。

才艺——万能的调节剂和人设支撑

才艺展示，通常是最容易吸引粉丝的手段。才艺其实范围非常广泛，作为一位主播，才艺越丰富多样，自然就越能吸引粉丝。

比较常见的才艺，主要包括唱歌跳舞、器乐、书法、绘画、游戏等，其实这些常见的才艺，你不需要极为精通，即使是一种爱好，仅有业余水平，也不会过分影响你的直播效果（前提是并非专业化的才艺方向直播）。

因为只要你不是专业才艺直播，多数时候这些才艺只会作为一种辅助调节气氛、吸引粉丝的手段而存在，当直播过程中想要有效调节氛围，或者与粉丝互动时被提出了特定的才艺要求时，就可以用这些才艺做万能的调节剂，既能够体现你的丰富才艺，也能够有效加强人设。

当然，如果你拥有特殊的才艺，如木工手艺、传统造纸工艺、剪纸工艺等各种传统手工艺，或者有口技等少见的才艺，甚至拥有常人所没有的技术和能力，同样能够通过直播进行展现，甚至可以将这些技术和能力作为主导，打造专业才艺直播人设。

当然，如果作为主播的你没有这些才艺，那也不必过分担心，寻找属于你的特点，如思维极为灵活，就完全可以在直播过程中以抖机灵的形式展现自己的特点；如口才绝佳，就可以在直播过程中充分引导粉丝，展示出自己的口才，获得粉丝的青睐。

不论哪种才艺，其实都是为了让粉丝能够耳目一新，只要可以吸引粉丝的兴趣，才艺就已经发挥了它巨大的作用。当然，拥有更多种多样的才艺，是支持你在直播行业走更远的一项能力，所以作为主播最好能够尽可能多地提升自身的才艺水平，通过不断充实自己，为自己的未来发展奠定更扎实的基础。

内容创作能力——底蕴从这而来

前文提到，直播其实也是有剧本的，这就需要你具备强大的内容创作能力。在这个竞争激烈的行业，只有不断为粉丝展现优质的直播内容，才能够获得更多粉丝的青睐，而且内容创作的能力，也是你能够在直播界越走越远的底蕴。

内容创作能力的提升，一方面需要你能够不断进行积累，包括直播素材的积累、各种知识的积累、各种技能的积累、各种才艺的积累，而且还需要你能够善于总结和反思，能够从各处寻找到最适宜自身的直播内容灵感，并以此为节点源源不断地创作出优质的内容。

同时，内容创作方面需要你拥有一定的创新和突破能力，能够不断推陈出新，即使无法快速实现质量的提升，也需要让粉丝看到你的努力，这是你在直播界能够长久发展的必备能力。

另一方面则需要你能够注重直播内容的垂直度和关联度，即需要在一个领域专注运作，不断进行深耕，而且需要在了解到领域细分之后，寻找到最适宜自身发展的细分领域继续进行垂直内容输出。

当你在一个细分领域深耕许久后，就会发现你在逐渐成为这个细分领域的专业人士，甚至会在创作直播内容和实际直播过程中越来越游刃有余。当然这种状态需要长久的积累和锤炼，但垂直输出直播内容，却是减少竞争压力、强化自身优势的绝佳手段。

数据分析能力——解析自身的法宝

直播行业之中，不论是粉丝的数量、涨粉的速度、流量的转换率等，还是互动率、观看直播人数等，在这个网络化时代，都能够以数据形式进行呈现，作为主播，想要让自己能够在直播界长久走下去，就必须拥有数据分析能力，这是解析自身的关键法宝。

相关直播间的各种数据，其中比较重要的指数包括以下几项：一个是主播开播时间长短，一个是人均观看直播时长，一个是主播粉丝数量总和，一个是每场直播观看粉丝数量，一个是直播过程中的互动率，还有一个则是直播过程中的收益额。

这些数据通常在各大直播平台上均有记录，作为主播完全可以借助数据统计平台和必要的数据分析工具。比如，新榜是专业的直播平台、图文自媒体平台和短视频平台的数据采集分析网站；淘宝平台下有达人记直播数据分析平台；抖音平台下则有星图、飞瓜、蝉妈妈等数据分析平台。

这些平台能够对互联网数据进行指向性分析，以便主播对自己直播间的运营情况、各项数据等有更加清晰的了解，而且通过这种指向性分析，主播也能够有效寻找到直播间的一些问题。

在借助数据分析找到问题之后，则可以借用专业分析法对问题进行解构，之后逐渐寻找到对应的解决方案。如主播可以采用 MECE 分析法。通过对问题进行梳理，寻找到最源头的问题，帮助自身厘清思路，以便更好地解决对应的问题。

MECE 分析法能够有效对问题进行不重叠、不遗漏的分类，从而可以更快让你在烦琐的因素之中找到源头，快速把握住问题的核心，从而能够有针对性地找到解决问题的方法。

这个分析法最大的特点就是各个部分能够相互独立，而且可以尽可能将所有问题源头捋清，这就意味着不用反复分析同一个问题，而是能够归根究底，寻找到最初的源头，从而更加全面、更加顺畅地分析问题。

运营能力——确保你拥有明确的方向

直播自然需要对直播间、直播内容、直播状态、直播效果等进行运营，而且作为竞争激烈的行业，运营能力的高低会在很大程度上影响直播的效果和直播间的发展。

作为主播，需要具备最基础的平台运营能力和粉丝运营能力，若最后的发展方向为直播带货，则还需要具备针对直播间匹配产品的运营能力。

参与直播行业自然需要选择对应的直播平台。作为新人主播，需要注意的是最好能够先运营好一个直播平台，再考虑去其他平台上发展，因为绝大多数直播平台，是要求独家签约的，若同时签约两家平台，很可能需要支付高额的违约费用。

平台运营主要包括熟悉直播平台的现状和行业动态、对直播内容的打造、对直播过程的准备和维系、对自身日常状态进行适当调整，以及对直播过程中遭遇的问题进行处理等。

直播的平台运营其实主要是对直播效果的运营，而主播在此基础之上还需要拥有粉丝运营能力，毕竟直播行业最为重要的就是粉丝，粉丝是流量的基础，流量则是日后变现的基础。

直播过程中的粉丝运营能力，主要是指高效管理粉丝、维护与粉丝之间的紧密关系，以及逐步增进粉丝的黏性，这需要在满足粉丝群体心理需求、建立粉丝群和举办粉丝线下见面会几个方面进行维系。

满足粉丝群体的心理需求，并不是说仅满足直播过程中粉丝的心理需求，而是要延伸到粉丝群体现实生活之中的心理需求层面，如获取主播签名、与主播进行线下互动等，作为主播应该时刻关注该类需求，尽可能去满足，以便提高粉丝的忠诚度。

建立粉丝群能够很有效地对粉丝进行分层管理，同时能够更好地加强粉丝和主播的联系，可以通过建立 QQ 群或微信群等方式实现。建立粉丝群一方面可以满足粉丝的管理欲望，另一方面也能够加强粉丝之间的沟通交流，可有效提高粉丝对各种活动的参与度，也能够有效扩充你的流量池。

而举办粉丝线下见面会，则是满足粉丝心理需求的具体手段，通常是为了满足粉丝与主播实现近距离接触的需求，同时这种见面会也能够让你更清晰地了解粉丝的心理需求，从而进一步加强你和粉丝之间的关联。

如果主播期望后续转向直播带货，即电商直播方向，则需要对电商直播背后的带货产品供应链进行了解并实现管理，这就需要你拥有产品运营能力，通常需要打造属于你的直播团队，还需要对产品进行差异化管理和品牌化管理。

对于产品的运营，最需要关注的其实主要为价格和质量，只有价格够低、质量够好，恰好能够满足粉丝群体的日常需求，并辅以优良的售后服务体系和问题快速处理能力，才能够吸引更多的粉丝。

心理素质——强大必须从心开始

虽然看似整个直播的过程，就是主播和粉丝之间的沟通、互动、娱乐，但在整个发展过程中，主播必然会遇到各种各样的问题和冲突矛盾，这就要求主播必须拥有较强的心理素质，即需要拥有极强的应对各种压力、妥善处理各种问题的心理素质。

直播行业如今正处于快速发展期和规范期，庞大的主播数量和粉丝数量、激烈的竞争和各种各样的粉丝需求，都会对主播形成极大的压力，若缺乏有效应对各种压力的强大内心，就无法长久在直播行业持续发展。

进入直播行业后，还可能会出现前期毫无起色、粉丝量提高后无法流量变现，以及直播间发展良好后却遭遇各种爆料等情况，这些都会对主播形成极大的心理压力。

因此若想在直播行业持久发展，作为主播就必须拥有一颗能够承受各种压力的内心。胜不骄，败不馁，不断稳步提升自身，妥善管理粉丝，按部就班实现运营，这样才能够在直播行业站稳脚跟。

同时，强大的心理素质还体现在直播过程之中对于各种突发事件的处理，这部分我们会在后续章节进行详细分析。但不得不说的是，作为主播就必须拥有处事不惊、淡定自若的能力，即使面对各种突发事件也不能焦躁，只有快速找到应对手段和方法，才能够让粉丝感受到你的强大。

第三章

沟通，是直播间的日常

在直播间里，主播和粉丝之间的沟通、互动，是最为日常也是最重要的一部分，这种沟通互动其实非常考验主播的说话能力和沟通技巧。俗话说，祸从口出。说话中蕴含着很多智慧。

气氛调动：开场决定了你的直播效果

万事开头难。虽然直播的效果和整场直播的内容、主播表现息息相关，但一个良好的开场，却能够有效影响乃至决定你的直播走向。而且，完美的开场，还是展现主播风格、特点、个性的绝佳环境，对树立主播形象和直播间主题有极为重要的作用。

聊天——粉丝和主播，永远有话题

绝大多数直播，开场都是聊天，但是直播间里的聊天和现实中还有很大区别，毕竟在现实生活中，聊天通常是面对面的，彼此之间能够轻易感受到情绪变化、语气特征，可是在直播间开场之时，粉丝进入还较少，同时主播很难清晰感受到粉丝的情绪，甚至当直播间有陌生粉丝进入时，主播更难以把握新粉丝的特点，从而很容易陷入尬聊的境地。

其实，作为主播在开场之时必须进行精心的设计，同时还需要有非常强的应变能力，通过必要的设计快速抓住粉丝注意力，之后则需要使整个开场所有关键节点都能呈现出对应的价值。

- 聊聊你自己，聊聊粉丝

通常情况下，刚进入直播行业的主播，一方面还没有足够的粉丝积累，另一方面也还没有与粉丝进行过沟通交流，所以很容易在开播之时根本不知道应该聊些什么。

而如果直接在直播开场就进入主题，必然会显得非常生硬，那新人主播在直播开场时到底该聊些什么呢？

第三章 沟通，是直播间的日常

其实最简单的敲门砖，就是从自己聊起。作为主播可以根据直播的主题、结合自身的风格，从自己的角度切入，讲一讲自己的事，当然，前提是聊天的话题需要和直播内容有所关联。

比如，可以在直播间的场景中布置一些能够找到话题的物品，包括挂件、玩偶、衣帽等，尤其是一些本来就和你息息相关的物品，完全可以借其讲起。

在聊天过程中，需要注意巧妙设立悬念，包括为什么选择这件物品，这件物品背后又有什么故事，这样一件简单的物品就能够让你滔滔不绝，同时又能够引发粉丝的求知欲。

又如，可以聊一聊粉丝所提出的某些建议，以及自己所做出的回应和反馈，甚至你和粉丝因为某些事件所产生的联系，也能够成为直播间聊天的热点话题，既能够让粉丝感受到你对粉丝的热情和关注，又能够展现出你对于粉丝的积极响应。

· **小才艺有大作用**

很多时候，和粉丝之间形成融洽的聊天关系，需要主播拥有强大的讲述能力和聊天技巧，但当主播还没有锤炼出信手拈来的聊天能力时，就完全可以借助自身的某些小才艺作为开场话题。

不论是吹拉弹唱，还是琴棋书画，抑或是舞蹈和运动，都能够成为主播在直播间展现自身才艺的手段，而且，这些小才艺通常会有其背后的小故事，由才艺展现引申到背后的故事，通过挖掘故事和直播主题的关系，直播间就能够非常顺畅地形成一个极为精彩有趣的开场。

需要注意的是，在直播间以才艺和故事进行开场时，所讲的故事必须拥有非常逼真的细节，以便引起粉丝的注意和好奇，而且这种故事不仅需要有一定的内涵，同时需要和直播主题、直播风格有所关联，以便借助简单的故事让粉丝对你产生非常清晰、真实的了解，有助于粉丝对你形成直接的感官印象并产生强烈的兴趣。

幽默搞笑、愉悦开场的法宝

有一些主播感觉，幽默搞笑和自身这种直播风格、直播主题根本不搭调。其实，这里所说的幽默搞笑并非整个直播过程中一直保持这种氛围，而是一种在开场阶段适当活跃气氛的法宝。

不论是哪种直播风格和直播主题，只要是直播开场，最尴尬的就是突然的冷场，主播无话说、粉丝无回应、直播间无声音，突然之间空气都非常安静，这种时刻最为尴尬也最为考验主播心态。

当遭遇这种尴尬场景时，主播一个简单又实用的幽默搞笑行为或话语，就能够快速摆脱尴尬，让整个直播间重新活跃起来。这种幽默搞笑可不是简单地讲笑话，而是一种运用智慧和幽默思维所形成的技巧，具体而言，要想营造幽默搞笑的氛围，需要做到以下两点。

·打破常规逻辑——内涵幽默

幽默搞笑并不是简单地讲个段子、爆个笑料，真正的幽默是极具智慧和内涵的表现。

就如同，一位玩具设计人员，依托自己的设计思维和理念，设计了一套根据形状分类的玩具，玩具有三角形、半圆形、圆形、正方形、长方形、异体形等，能够有效帮助孩童认识形状分类，孩童拿到某个形状的玩具后，可以投注到对应的带不同形状孔洞的箱体中。

但是这位设计人员却收到了一个投诉视频，视频中的孩子在玩时发现，不论什么形状的玩具，都可以通过箱体最大也最显眼的正方形孔洞投入进去，这就使整套玩具如同一个笑话，因为不论什么形状都没关系，都可以直接从正方形孔洞放进去，根本不需要分类。

这位设计人员其实就犯了一个巨大的错误，那就是以一种非常固化的常规思维进行了玩具设计，却忘记了孩童的思维是最善于跳跃的，也最容易突破固有逻辑的。

要想在直播开场展现出内涵式幽默，主播就需要拥有敢于打破常规思维和固有逻辑的勇气，并借助想象和联想呈现幽默，这样才能让粉丝在感受到搞笑的同时，也会有所反思和感悟。

·真正的幽默搞笑必须适度

直播开场中的幽默搞笑，并不是一味地为了幽默而搞笑，而是需要适度进行，最常用的技巧，就是适度夸张、适度自嘲，而且需要注意这些技巧必须符合特定的情境，不能生搬硬套。

适度夸张适合应用在主播话语错误或惹粉丝生气之时。当意识到言谈之中出现了错误，主播应该大方承认，并将这种错误夸张到一定程度，就如同某主持人所说："观众看到的是我们字正腔圆，但事实是我们错一个字就会被扣钱，为了减少被扣钱，只能不断努力避免错误。"

这种适当的夸张，既能够体现出作为主持人的职业素养，也显现了主持人的坦然。毕竟谁都会犯错，经受过专业训练的主持人也不例外，但是错了就是错了，扣钱扣太多可就不行了，所以不得不逼迫着自己不断丰富知识储备。这样的适当夸张，也能够让观众对主持人更加理解，甚至会感觉这些主持人还挺接地气。其实网络直播也是如此，作为主播出现错误并不可怕，大方承认，适当夸张，才能够让粉丝更理解这份职业的不易。

适度自嘲则是在直播开场活跃氛围、化解尴尬的幽默技巧。很多主播搞笑的手段是拿其他人开玩笑，虽然偶尔使用会起到活跃氛围的效果，但难免会有粉丝处在主播开玩笑的群体中，过多使用就容易得罪人。

所以最适宜的做法，就是在遭遇尴尬之时，用适度自嘲的手法，通过自嘲博粉丝一笑，同时加强对自身的深入认知。

在直播开场之中运用幽默搞笑技巧，必须从粉丝角度去考虑：粉丝是否会将它们看作幽默，同时粉丝是否能够理解其中的幽默。这一方面需要主播能够对粉丝群体的群像有一定了解，另一方面还需要对粉丝所关注的各种"梗"有深刻认知，这样才能够语出惊人，并带动气氛。

学会说话：直播间，话得这么说

俗话说，"见人说人话，见鬼说鬼话"，其实指的就是日常的沟通交流基本技巧，通俗的说法就是要会说话，能够针对不同的沟通对象，运用不同的说话技巧。

你的粉丝决定了你该如何说话

不同的直播间所积累的粉丝群体也会有所不同。作为一名新主播，其实不太可能在短期内成为老少皆宜的万人迷。

事实上，能够在直播间长久引导丰富的话题，能够让绝大多数粉丝感到满意，都不是容易的事，任何一位主播都不可能一直拥有吸引各种粉丝群体的话题和内容，因此作为一名主播，就需要在直播间拥有对应的说话技巧：找到粉丝群体的特点，以粉丝群体的特点为话题进行沟通。

在任何直播间，你的粉丝都决定了你应该如何说话。你的风格、直播内容、开场形式等，都会吸引对应的粉丝群体，所以作为主播，就必须熟悉直播间中粉丝群体最感兴趣的话题和内容方向，并对此进行深挖。

·多聊专属

如果直播间的粉丝群体以男性为主，作为主播就应该清楚，男性粉丝更为理性，喜欢的话题多数会和体育、时政、新闻、科技等相关，想要获得更多男性粉丝的青睐，就需要在直播间多涉猎相应的话题内容。

若直播间粉丝群体以女性为主，主播就需要了解，女性粉丝偏感性，更喜欢细腻的情感触动，所以也会更喜欢家长里短、娱乐信息、情感剧、美容化妆、服饰穿搭等话题。若想获得更多女性粉丝的青睐，则需要在直播间引导各种相关的内容，但需要注意的是，这些话题最后依旧需要和直播风格、直播主题挂钩，以避免偏离主旨。

还有一些直播间更容易吸引年轻粉丝，而年轻群体自然会有自己的圈子、喜好，若想吸引这部分粉丝的青睐，作为主播就必须了解各种时尚潮流内容，以及各种流行元素和流行梗，以便能够和年轻粉丝打成一片。

· **混合粉丝就聊广泛式话题**

当然，一般直播间的粉丝群体，不会像上边这般泾渭分明，而是男性粉丝、女性粉丝、年轻粉丝、年长粉丝都占据一定的比例，此时作为主播根本无法完全精准地寻找匹配的话题，甚至都无法成为直播间话题的主导者，这时就可以去做一个恰当的引导者，通过自己的引导灵活把控直播间的话题变化。

这就需要作为主播涉猎广泛，即使无法对各种精准话题深入了解，也应该做到无论哪个话题都能够接上话茬儿，而且需要利用沟通技巧，引导粉丝自由发挥，但又不会脱离直播主题。

又如，直播间的粉丝，不论男女老少，必然会对各种热门影视剧有自身的偏爱和喜好，作为主播，就需要对各种热门影视剧有所了解，以便引导粉丝能够针对不同的影视剧畅所欲言。

比如，当前社会之中时不时就会有各种热门热搜热点，这些其实都是社会大众非常关注也非常喜欢畅聊的话题，这就需要主播能够关注各种热点，包括朋友圈热点、微博热点、新闻热点、体育热点、社会热搜、热门人物、热门事件等，并通过恰当的引导，让粉丝能够以此为切入点，广泛参与到话题探讨之中。

再如，一年四季、二十四节气、各种传统节日等，其实都会带来一些很有意思的话题，主播完全可以从这些话题入手，引导粉丝广泛参与到主动沟通交流之中，从而让直播间的氛围更加轻松自然。

· **"家人们，咱的想法其实一样一样的"**

在直播间中，主播和粉丝的交流并不是简单地"你一言我一语"，真正能够让粉丝认可的主播，不会喋喋不休地说教，而是会在交流过程中不知不觉地表达出自己的观点和想法，同时让粉丝感觉这些想法好像就是自己的！

其中最简单也最有效的说话技巧，就是使用"咱""我们"这样能够加强彼此归属感和占位感的词汇。这种以"咱""我们"等词汇加强归属感的技巧，其实最基本的目的就是满足粉丝的简单心理需求——我们都是自己人！

也可以理解为，这种说话技巧其实就是在告知粉丝：家人们，咱的想法其实一样一样的。而且具体做的时候还需要一定的小技巧，比如，以彼此的共同点实现"咱"的共情，包括相似经历、共同爱好等；又如，阐述想法时完全可以借助中国山水绘画的留白手法，设定悬念形成引导，促使粉丝自己去思考，将主动权交出去，既让粉丝产生参与感，也能让粉丝有更强的认同感。

作为主播，你得会规避这些

真正的直播过程，是一个主播和诸多粉丝见招拆招、斗智斗勇的沟通过程，在此过程中，难免会有粉丝触及主播的各种底线。

作为一名合格的主播，在直播间自然需要使用恰当的说话方式，以有效规避这些容易影响彼此关系的问题。

·巧妙转移个人敏感话题

直播的整个环境都处在网络之中，而且粉丝多数处在相对隐藏的位置，主播则会处在相对暴露的位置，这就容易让粉丝产生一种窥视的欲望，因而很多粉丝会借用直播间不断窥视主播的各种生活细节，有时粉丝还会热衷窥探主播的个人隐私等敏感问题。

另外，因为直播间中粉丝相对处于半隐藏状态，所以粉丝也可能会将一些话题引导到社会时政、娱乐八卦、新闻热点等方面，如果言语不当，就有可能会让直播间违规。

遇到这种情况，主播若对粉丝置之不理，也会使粉丝生气或出现情绪，一方面可能会让直播间冷场，另一方面也会影响粉丝群体的整体情绪和感官印象。

所以当主播遭遇各种敏感话题时，就需要使用巧妙的引导技巧，将这些敏感问题进行适当的转移。比如，遇到不想回答的敏感问题，主播完全可以顾左右而言他，避重就轻，悄然改变话题方向。

尤其是一些女主播会被粉丝追问三围、体重、男朋友之类的问题。当遇到这种问题时，不如含蓄地沟通，避重就轻，促使话题终结。比如，针对三围问题，完全可以说"大小无所谓啊，适合最好咯"；针对体重问题，可以说"我感觉还好啊，健康是福哦"；针对男朋友问题，则可以说"着急谈恋爱干嘛？世界这么精彩"。

虽然不同的主播对问题的敏感度也有所差别，但无可避免的是粉丝的窥探欲一直存在，也就使得只要是主播都可能会遭遇敏感问题，这时主播必须大方巧妙地进行问题转移，而不是支支吾吾或尴尬得无以复加。

·千万别轻易否定粉丝

在直播间聊天过程中，因为大家都是拥有个性想法的独立个体，所以自然会出现意见分歧，这时作为主播一定要秉持一个基本的原则，那就是粉丝进入直播间聊天，需要获得的是开心愉悦，即使意见有分歧也千万不要轻易否定粉丝，毕竟没人会喜欢被人拒绝和否定。

但如果有了意见分歧又不能直接顺从这个意见，主播这时就需要拥有非常娴熟的转换思路的说话技巧，甚至有时粉丝之间的意见分歧也容易愈演愈烈，这时也需要主播出手，在两边都不得罪的情况下，将直播间氛围引导到正轨。

一般遇到意见分歧，主播首先需要避免使用直接否定性的词语，包括"不行""不对""不同意""不要"等，而是可以迂回地表达，如"希望重新考虑""我个人感觉"等。还可以先对意见进行肯定，再去表达属于自己的意见，如"你说得对""我明白"等。也可以采用比较幽默搞笑的方式含蓄地进行否定，即在保全粉丝面子的基础上，用幽默话语表达自身不赞同的想法，因为有幽默搞笑成分铺垫，也不会让粉丝反感。

·理越辩越明，话不能争锋

俗话说：理越辩越明，道越论越清。这其实说的是在沟通过程中，激烈的思想交锋能够让道和理更加明晰。话是如此，但在现实生活中又有很大不同。尤其是在直播间里，如果出现了争辩，会让整个直播间宛如菜市场，杂乱无章且毫无逻辑，根本无法突出直播主题。

因此，作为主播，在直播间中切忌与粉丝进行争辩，毕竟任何事情都具有多面性，虽然直言直语、一言不合就开怼完全可以成为一种主播风格，但很多时候粉丝会感觉主播在与自己针锋相对。

基于此，最好的做法就是主播不要在直播间与粉丝进行争辩，最基础的就是一定要忍耐住第一句争辩，这样才能避免直播间氛围出现进一步恶化。之后需要在忍耐的基础上，学会倾听。有些粉丝喜欢争辩，这是性格使然，也不一定有破坏直播间氛围的初衷，甚至有时争辩还是有些粉丝为了维护主播所使用的手法。

当直播间出现意见分歧时，主播之所以会忍不住争辩，最大的原因就是情绪被带动，因为负面情绪的影响推动着主播想挽回一些东西，想要忍耐住争辩的行为，作为主播就必须能够控制自己的情绪，以深呼吸平复自己的心情，之后以微笑、以接纳的心态去面对，这样才能让粉丝感受到主播的格局。

另外就是，很多争辩其实都只是一个事件或问题的多角度辩证，事情并不绝对，主播需要清晰地认知到，粉丝来到直播间，目的就是能够开心愉悦，如果能够让彼此都舒心，何须进行辩论？何况很多时候主播的辩论还可能会被粉丝认为是狡辩，与其如此，不如简单解释，一带而过。不争话锋，不执着于争辩胜负，这样才能给直播间带来和谐愉悦的氛围。

喜欢沟通：不得不学的沟通技巧

直播间之中，主播需要不断和粉丝进行沟通交流。要想让整个直播间一直保持较为和谐又愉悦的沟通效果，就需要主播喜欢沟通，并借助各种沟通技巧对直播间的沟通交流予以引导和调控。

这些小习惯，能让你成为沟通达人

想让自己能够在直播间中受到粉丝的广泛欢迎和喜爱，就必须不断通过沟通改进彼此的关系。而沟通习惯，就是让你成为沟通达人的最佳手段，同时是你能够发现、回应粉丝需求，展现自我和个性，促进直播风格形成的重要推手。

• **绽放属于你的微笑和赞美**

俗话说：伸手不打笑脸人。微笑，是这个世界最基本但也最有效的沟通技巧。作为主播，若能够在直播间绽放出属于你的微笑，自然就能够获得更多粉丝的青睐和喜爱。

有些主播本来拥有很高的颜值、极为吸引眼球的形象，甚至还有不俗的才艺和口才，可就是一张脸宛如机器和面具，精美却显得极其不尽人意，根本无法让人接近。这种拒人于千里之外的"面具"，再精美也无法获得粉丝青睐。唯有保持真诚的微笑，亲和沐人，才能够让人不自觉地亲近。

当然，直播过程中的微笑，可不是那种咬着筷子硬练出来的微笑，而是需要那种发自内心、由内到外、真心愉悦的微笑，而且不能是傻笑（傻白甜能够一时甜，却无法甜到粉丝的内心）。

如果你感觉微笑训练很容易练出过分生硬、毫无生机的微笑，那你可以尝试在每次直播之前，先回想各种让你欣喜、雀跃的美妙事件，从身到心都沉浸在欢喜之中，再开启直播，让粉丝感受到最真实、最亲和的微笑。

微笑其实只是敲门砖，要真想让粉丝感受到愉悦舒心，在微笑的基础上还要增加适当的赞美。赞美其实就是对其他人的认可，真心的赞美没有人不喜欢，这就需要主播能够根据真实情况对粉丝进行恰当的赞美。整个过程只有一个前提：真诚。

最佳的做法就是从不同的角度去锻炼你的赞美能力。赞美真正打动人心之处，就是针对详细的内容进行赞美，这就需要赞美之时避免模糊不清，要针对性强、夸赞具体的个体和事件、完全发自内心。

在直播间里，因为主播和粉丝虽然面对面交流，但是主播其实无法看到粉丝的状态和形象，所以在赞美之时，可以选择粉丝的表情、头像、名称、行为、能力等进行针对性赞美，既能够有理有据有针对性，又能够避免模糊、避免简单。

· **有趣的灵魂万里挑一**

"漂亮的皮囊千篇一律，有趣的灵魂万里挑一"，指的就是漂亮形象其实容易见到，但真正能够从灵魂深处散发趣味的人却很少。

从灵魂深处散发趣味，通俗理解就是拥有足够的底蕴和内涵，能够时刻发现闪光点、有趣点，并能够借助幽默搞笑的沟通将这种快乐予以分享。前文提到，直播开场时，幽默搞笑能够成为愉悦开场的法宝，其实在长时间的直播过程中，幽默搞笑的元素和故事等，也能够成为活跃氛围、提升直播主题性和内涵的重要法宝。

在对粉丝的喜好了解得比较清楚之后，你就可以在直播过程中巧妙使用常见的小矛盾点制造幽默笑料，从而体现出你对粉丝的关注，同时轻松惬意地活跃直播间的氛围。

而且幽默元素和故事，不能仅成为你的专属，你还应该在直播间适当鼓励和引导粉丝们维系幽默的气氛，尤其是很多粉丝其实非常具备段子手的潜力，时不时就会金句连篇。这时作为主播一定要适当挖掘粉丝的潜力，适当成为挖掘有趣灵魂的推手。

· **千万别自说自话，互动才是王道**

直播间的沟通交流，并不是仅靠主播一人就能够维系的，而是需要有来有往、互通有无，也就是说直播间中的沟通交流，不能是主播一人乃至粉丝群体的自说自话，只有能够形成整个直播间的互动才是沟通的王道。

尤其是一些新人主播，直播间内粉丝数量较少，同时因为和粉丝之间不够熟悉，所以经常会遭遇粉丝提出很多又敏感又不得不回答的问题，这种过分顺从的沟通形式，使得粉丝仿佛掌握了交流的主动权，主播仿如提线木偶毫无建树，一直在被动回答问题。

其实，主播要想让直播间的氛围快速活跃起来，即使粉丝较少也应该活泼应对，最恰当的做法就是与粉丝相互提问，在控制直播间节奏的同时，能够快速促进自身与粉丝的熟悉度。

当然，提问也不是随口而问，同样是需要一定技巧的，尤其是在直播过程中，提问的时机非常重要。多数情况下，主播需要在直播间逐步将氛围活跃起来之后，才能够围绕对应的几个话题准备问题，而且不要在数天之内重复同一个话题，否则就容易造成直播内容和主题相似的情况。

提问可以和粉丝相关，可以和主播自身相关，也可以针对热点、八卦、情感故事、游戏、影视动漫、小说等进行。通常这些提问的方向需要在直播之前进行准备，能够和直播主题、方向相关最好，但也不要在提问时一直照本宣科，而是应该针对粉丝的反馈恰当调整和变化。

直播间中的沟通交流中，提问其实只是彼此互动的一种形式，除此之外还可以借用多种手段实现和粉丝的互动，比如通过话题引导粉丝加入探讨和参与，从而形成彼此的互动。还可以在直播一定时间后，通过游戏设计加强与粉丝的互动。这些都需要主播在直播之前进行恰当的布局和挖掘，并针对粉丝的反馈创造长久互动的机会。

·借用共情连接你与粉丝的情感

共情能力其实就是利用情绪作为中介，彼此去感受相互的心理状态。在直播间，主播完全可以使用共情能力，与粉丝的情感形成连接，以便让粉丝感受到主播的尊重和态度，同时主播也可以感受到粉丝的支持和关怀。

想要借用共情能力，首先就需要主播能够换位思考，从粉丝的角度去感受粉丝的需求和心理状态，当然这种换位思考不是简单地在直播过程中进行，而是需要主播能够对粉丝群体进行恰当的分析和了解，包括粉丝的年龄分支、经历背景、心理追求等，甚至可以寻找类似自身直播间的其他主播，以粉丝的身份去体会粉丝的心态。

之后则需要主播能够以维系自身与粉丝的联系为重心，去寻找到自身与粉丝群体的相似之处，即使不相似，在了解到粉丝的需求和心理追求后，主播也可以恰到好处地向对应的方向靠拢和发展。只有这样，在直播过程中，你才能够轻易感受到粉丝的喜好，并针对粉丝的喜好挖掘出话题，最终让粉丝产生共鸣感。

而且，作为主播，一定要时不时真情表露。虽然作为直播行业从业者，主播需要有一定的表演技艺，但想和粉丝形成稳固长久的相互支撑的关系，就必须真诚相待。尤其是对于直播这份职业，不能仅仅看作工作，而是应该视为珍贵的和粉丝进行互动沟通的机会。这种真诚坦然的态度，自然能够让粉丝放下戒备之心，也更容易促使你和粉丝增进情感。

这些小技巧，能让你沟通无阻

主播在直播间与粉丝之间的沟通，其实非常考验主播的沟通技巧。不同的粉丝会有不同的关注点和敏感度，这就要求主播能够借助特定的沟通技巧，让整个直播过程中的沟通畅通无阻。

·你得真正懂你的粉丝

真正意义上的顺畅沟通，建立在彼此了解、彼此懂得的基础之上，这就需要你能够对粉丝的一些习惯、特征、喜好有对应的把控能力。直播间中，主播和粉丝之间的沟通，一般呈现两种状态，一种是只能粉丝看到主播的普通状态，另一种则是粉丝和主播能够面对面沟通的视频连麦状态。

普通状态时，主播必须对粉丝的语言风格、喜好、年龄层次、生活习惯等有深入的了解，尤其是和对应的粉丝进行沟通互动时，需要尽可能趋向于粉丝群体的习惯、个性与语言风格。

比如，有些粉丝在聊天时语言风格较为夸张，这一般说明此类粉丝比较活泼，也善于进行人际交往，此时作为主播就可以恰当引导粉丝多说，自己少说，从而满足粉丝表现自我的目的。

又如，有些粉丝说话中规中矩，有问才答，而且语言风格沉闷规范。如果主播和此类粉丝进行沟通，就需要尽可能把控主动权，以自己的表达沟通能力带动气氛，这也能够有效激发粉丝的表达欲望。

而根据粉丝的年龄层次和性别，也相应能够大体区分不同粉丝的不同喜好，如多数女性粉丝更为喜欢化妆、美容、服饰等话题，而多数男性粉丝则更喜欢时政、体育、游戏竞技等话题。主播可以尽可能地对不同粉丝的喜好进行记录，以便互动时能够尽可能照顾到每一个粉丝，也能够让粉丝感受到你对他们的尊重和关注。

连麦状态时，主播能够观察到对应粉丝的表情、眼神、衣着，乃至房间布局，这时就需要你能够对特定粉丝的个性进行分析，借助你对粉丝表情和眼神以及衣着状态的把握，引导粉丝和你形成更轻松惬意的互动。

· **不管对谁，必要的客套并不过时**

客套话，其实是个人素养和彼此尊重的外在体现。在直播间中，主播难免需要对粉丝进行称呼、打招呼等，这时恰当地运用一些客套话，不仅能够展现出主播的风格，也能够让粉丝感受到主播的尊重。

比如，在直播间中称呼粉丝时，可以普遍使用小哥哥、小姐姐、萌娃、哥们、姐们等称呼，既足够轻松惬意，也不会过分生硬。当然有些容易产生歧义的称呼，则最好能够谨慎使用，以避免发生误会。

另外，主播在直播间也可以适当使用一定的敬语，包括前辈、老师、您等，尤其是当有些粉丝给予你较为专业化的指点和建议时，不论最终你是否采用，都应该以敬语对粉丝进行称呼和感谢，这是基本的礼仪，同样能够让粉丝感受到你对他们的尊重。

在直播过程中，必要的客套话其实并不会过时，甚至通过精心的设计和完善，一些好玩的客套话还能够成为直播间的特殊风格与个性。比如，在翡翠废料中淘宝来给粉丝送福利的主播，被粉丝称为"翡翠垃圾粉碎者"。这时作为主播完全可以将这个称呼借用过来做自己的标签，每次开播都可以招呼一句：各位小姐姐，你们的翡翠垃圾粉碎者又来了！既充满个性，又足够活泼，还彰显了直播风格和特点。

- **直播间说话要滴水不漏**

直播间的互动沟通，并没有想象中那么轻松，即使一些顶级网红主播，也曾经因为一言不慎而遭到声讨，这一方面说明直播过程中的言谈必须慎之又慎，另一方面也说明粉丝和广大网友其实一直在关注直播行业的发展。要想在这样的背景下交上一份满意的答卷，就需要拥有在直播间说话滴水不漏的技巧。

首先，在直播间沟通交流，千万不要把话说太满，也就是说作为主播必须给自己留有一定的余地，比如，运动主播通常会通过一系列运动模块推荐自己，即使这些动作拥有非常显著的效果，也不要把话说太满，而应该在做出对应的承诺之后，再进行恰当的转折和补充，如"配合这套动作，还需要有良好的休息、恰当的饮食，否则效果不会很明显"等。

给自己留有余地，就能够避免粉丝过分苛求，也能够减少没有必要的争辩和议论。

另外，直播间的沟通，如果只是主播表达自己的想法，并未和粉丝形成互动，自然可以侃侃而谈，至少不会引发误解，但是当主播和粉丝进行互动时，就需要提高警惕，一定要先将打算说的话过过脑子，避免引发争议的论述和想法脱口而出。

而在赞美粉丝的时候，千万不能泛泛而谈，这样的赞美还不如普通的真诚沟通。最佳的赞美，需要点到点子上，即必须进行具体的赞美。对于观点，赞美要因势利导；而对于穿搭，赞美则需要结合粉丝特征等。只有具体且细化的赞美，才能让粉丝感觉到你的赞美是基于内心，而不是流于表面的。

在直播间中和粉丝之间的互动，并不等同于普通的点对点式聊天，这主要是因为一位主播需要面对数量庞大的粉丝群体，这就导致主播在直播过程中，需要尽可能照顾到所有粉丝的情绪和感受，既不能和粉丝之中的某位支持自己的粉丝聊得火热，也不能过分敷衍，同时还需要照顾到其他多位粉丝的情绪。

如果粉丝需要你的帮助，但是直播间又不是详细沟通的场所时，完全可以用精准的语言先让粉丝安心，然后明确对特定话题进行广泛探讨的特定时间，这样既能够让需要帮助的粉丝感受到你的关注和尊重，又不会影响其他粉丝的心情。

成就个性：你的说话风格你做主

直播间之中最日常的就是沟通，通俗来说就是彼此说话而已，但看起来简单，真正沟通的时候却尽显不同。同样的一件事，不同的人说出来就可能有不同的感觉，比如，一件普通的事，有的人说出来尽显幽默风趣，有的人说出来则感人至深，有的人说出来会悬念迭起，有的人说出来则会平淡如水。其实这种最终给予人的感受，就是你的说话风格。在直播间中，作为主播一定要形成自己的个性，让自己表现出属于自身的说话风格。

完善说话风格，从基础做起

说话的风格，类似于一个人的形象和气质，是从骨子里散发出来的，拥有着非常强烈的标签性，但想要形成和完善属于自己的说话风格，需要从基础做起。只有拥有良好的基础，才能够在后续说话风格形成的路上越走越顺。

·说话得清晰，语言得大众

作为一名面对大众的主播，在直播间里说话必须清晰明澈，不能含糊不清不知所云，尤其是借助网络，天南地北的粉丝都会齐聚一堂，如果一直使用含糊不清的说话方式，必然会让粉丝感觉主播不尊重人。

想要提升说话风格，第一步就需要说话清晰明澈，必须能够让大多数人第一时间就可以明白你想表达的内容。在未形成自己的说话风格之前，一些过分含糊的语气词也应该控制使用。

另外就是说话过程必须使用大众化语言，也就是要使用大众都能听懂的语言，千万不要为了专业化发展，频繁使用生僻字、专业术语之类的话语，毕竟绝大多数粉丝是普通人，他们不一定拥有足够丰富的专业底蕴。如果你能够用通俗大众化的语言，将专业知识阐述得清晰透彻，让大多数粉丝听得懂，这更能够展现出你的专业。

·聊天内容别那么肤浅，深度才出好文

即使是在现实生活中的聊天，想要让对方印象深刻，同样需要聊一些有深度的内容。话题不能仅仅是浅尝辄止，而是应该有细节、有感触、有情绪、有内涵。

直播间中的聊天更是如此，主播在面对大量粉丝之时，聊天的内容千万不能过分肤浅，而是需要把内容深度提升上去，挖掘聊天内容的深度，最佳的方式就是对一些小细节进行披露。

比如，谈论自己遭遇的糗事时，不能只是把遭遇的事件一语带过，而是应该将糗事的发生背景、当时自身的感受、具体遭遇等所有小细节进行详细

阐述，这样才能够让粉丝宛如亲历，从而感受到主播的生活气息。

·天是聊透的，适当迎合没毛病

想在直播间能够和粉丝更顺畅地聊天，而且聊出自己的风格、呈现出自己独特的个性，需要具备扎实的基本功，这就需要作为主播的你能够时常进行训练。

你完全可以每天抽出一定的时间，对自己的直播过程进行回看，并从中寻找聊天过程中自己的缺陷和问题，之后针对性地进行改变。具体的问题主要包括吐字、语速、声调、节奏、表达方式、内容深度等，同时需要分析在针对问题和话题进行阐述时自己的表情、动作等。

这需要长时间的坚持和积累，并且需要你能够孜孜不倦地以真诚的态度去面对，毕竟所有的天都是聊透的，作为以沟通为日常的直播行业从业者，你更需要拥有娴熟的聊天技巧，这是成就独具个性说话风格的基础和前提。

作为主播，每天都需要面对无数的粉丝，你的个性和说话风格本就是潜移默化逐渐塑造而成的，想真正形成说话风格，与粉丝交流必须真诚且认真，适当的迎合更是必不可少的。

当然这里所说的迎合，并不是无底线的迎合，而是要时刻保持积极的态度和情绪，与粉丝的问题、态度相融合，尤其是当说话风格还未形成时，真诚的迎合能够让粉丝看到你的努力和你对他们的尊重。

比如，粉丝在提出问题时，作为主播应该真诚微笑并尽可能从粉丝所提出的问题中，挑选比较重要且必须回复的问题进行回答。即如果直播间粉丝量较大，问题量也较大，作为主播不可能将所有问题都进行回答，这时就需要恰当进行筛选，尽可能不让粉丝感觉到被你忽略，即使有些问题无法进行回答，也需要明确说明原因，如时间问题、精力问题、重复问题等，或者给予"下次进行回答"的答复。

形成属于你的独特说话风格

其实不同的人本身就因为经历不同、性格不同、思维模式不同，会形成独属于自己的独特说话方式，只是大部分情况下这种独特说话方式并未展现出风格。作为主播要做的，就是洞悉自己独特的说话方式，然后挖掘出独特的风格。

· **你可以先模仿再挖掘**

在直播间寻找属于自己的说话风格，完全可以先进行模仿，尤其是一些新入驻直播行业的主播，刚刚开始进行直播，根本不知道该如何调整自己，甚至看着满屏的弹幕乃至陌生的直播设备，都会让自己紧张得无所适从。

在这样的阶段，你完全可以先寻找已经成功的主播，找到和自己期望的风格相近的主播进行适度模仿，以便逐步摸索出自己的定位。但是，模仿只是为了让你寻找和摸索出最适合自身的定位，为了给自己说话风格的形成指明方向而已，不要一直模仿。

模仿只是为了能够打开局面而已。通过模仿，你能够快速熟悉直播的流程和整个直播间的聊天氛围，当形成本能之后，你需要进行对于说话风格的挖掘。

这种挖掘，其实就是找到你在直播间中沟通时，最舒服惬意又效果最佳的状态，也就是最适合你性格、最能够展现你风格的一种状态。同时你需要考虑到你的粉丝群体的构成和特点，将粉丝易于接受的一种状态和你最舒服的一种状态进行融合，即可初步形成你的说话风格。

之所以需要找到直播间你最舒服的一种说话状态，就是因为这种舒心的说话状态其实最契合你自身的性格。如果你是一个性格稳重的人，在直播间非得时不时来一个搞笑段子，那就很可能让人感觉过分刻意，你自然也会感觉不太舒服，但如果以说话内涵、深度为重点，可能不仅你感觉舒心，粉丝也会受益匪浅。

· **逐步形成属于你的气场**

气场其实属于一种感受。《三国演义》中张飞喝断当阳桥的桥段让人印象深刻，其实这种一夫当关万夫莫开的气势，同样就是一种气场。作为直播间里的主播，你也会因为性格、说话状态而逐步形成独属于自己的气场。

如果你在直播间中说话幽默搞笑,从感受来看,你必然拥有一种极为放松又非常灵动的气场,因为只有这样才能够让你说的话产生幽默搞笑的效果。而如果你在直播间中说话稳重平缓、内涵深刻,你必然会带有一种"任凭风浪起,稳坐钓鱼台"的气场。如果你在直播间说话轻松自然,让人如沐春风,那从感受来看,你必然保持着一种淡淡微笑、极为亲和的气场。

这种气场,其实就是直播成熟之后你的说话风格,挖掘和寻找独属于自己的气场,需要从日常入手。你完全可以听一听他人的评价和感受,深入感知自己的特点,并根据这种特点强化自己的气场,以便在直播间舒服地成就独属于你的个性和说话风格。

·贴上属于你的个性标签

作为一名主播,在直播间的说话过程中,其实最重要的不是你多么有才华,也不是你多么专业,而是你需要具备独属于自己的个性化说话风格,也就是说当粉丝听到看到这种说话方式后,想到的就是极具个性化的你。

所以作为一名主播,需要在直播间说话的过程中,贴上属于你的个性标签。这种个性标签并不一定要出格,而是需要拥有独属于你自身的内涵,出格的目的是展现与众不同的一面,但真正的个性展现需要具有内涵的出格。

也就是说,你的出格需要带有内涵,从而形成一种来自内涵的与众不同。比如,一位美食主播,只挖掘蔬菜类美食,并告知粉丝因为自身体质原因只能吃素,又特别喜欢美食,所以仅挖掘蔬菜类美食。这种出格显现了与众不同,同时有一定的内涵,那就是契合主播自身性格和特点的。

在直播间贴上属于你的个性标签,还需要你在日常生活中不断提升自身的各项素养,包括见识、知识、经历等各个方面,这些都是其他人无可替代的内涵,能够为你的个性标签增砖添瓦。

第四章

让直播间永远处在你的掌控中

　　作为一位合格的主播，需要在直播过程中，让直播间永远处在自己的掌控之中。但要想拥有这种绝对的掌控力，就需要主播有效把控直播间的状态，能热场，能救场，能控场，还需要能够和粉丝打成一片，让粉丝打心眼里信任你。

热场宝典：赢气氛者赢天下

直播过程中，直播间的氛围是最具渲染力和熏陶力的。即使通过一个完美的开场活跃了直播间的氛围，后续直播过程同样需要主播拥有灵活应对的能力，以便能够让整个直播间的氛围一直处在活跃的状态，这样才能够有效提高粉丝数量，加强粉丝黏性。

你的表情宛如一面镜子

在直播间中，主播的表现最直白的体现，就是主播的表情。毕竟话语可能会借助强大的沟通能力变得温文尔雅，但表情却是内心状态的投影。

很多时候，粉丝之所以会驻留在直播间，是因为他们感觉直播过程自己轻松自由且精神放松，如果你在直播过程中表情僵硬、宛如机器，任你口若悬河、出口成章，也不会有粉丝长久驻足，毕竟没有人会愿意长时间面对一张"臭"脸。

所以，作为主播你要明白你的表情其实就如同一面镜子，映照的就是粉丝的态度和感受。当粉丝无法长久驻留之时，你就应该仔细去感受自己的表情是否无法给予粉丝视觉上的享受。也可以说，你可以将自己的表情看作直播效果的晴雨表。

·笑容也有适合不适合

在直播间中，主播的笑容是拉近自身与粉丝距离的重要法宝，但是不同的主播有不同的脸型容貌，即使拥有较高的颜值和气质，也需要在直播间中展露出最适合自己的笑容，这样才能够让粉丝感受到亲和。

微笑主要有两种：一种是抿嘴笑，一种是露齿笑。虽然两者都属于微笑，但却会带给人不同的感受。

抿嘴笑属于轻微牵动嘴角的微笑，能够显现出非常强烈的感染力，而且能显得主播大方端庄。不过，抿嘴笑也不是任何主播都能够驾驭的，如果主播门牙比较宽大，抿嘴笑就容易显得非常突兀，影响观感和美感。

露齿笑则属于幅度较大的微笑，算是比较夸张的微笑表情。如果主播脸型偏圆，露齿笑处理不好就可能会显得脸部非常宽胖。作为主播一定要注意面对镜头时，管控好自己的角度，如露齿笑时可以稍微低头，嘴角发力时让下巴向下延伸。

如果主播并不具备姣好的颜值，比如牙齿不是太整齐，若想展露微笑，则可以运用另一个方法——发自内心并以眼神去传递笑容。这种以眼神传递笑容的方式，适合于任何主播，但前提必须是发自内心，需要让粉丝能够从你的眼神之中感受到你的笑意和抒怀。

· 从意识层面影响表情

在生活之中，任何人都会不自觉地做出一些并不太好的表情，这通常是由情绪投射到意识层面之后而影响的表情，比如不自觉地皱眉、不自觉地撇嘴。在日常生活之中，出现这种表情其实无伤大雅。但是作为一位主播，因为需要在一个集中的时间段面对镜头，就如同面对镜头的演员一般，一个微小的表情，在镜头之中都会被无限放大，从而会对粉丝产生非常大的影响。

基于此，主播需要有意识地去改变自己，要从意识层面去影响表情，让自己能够在直播间更多呈现出亲和表情，避免出现坏的表情。从意识层面影响表情，需要有意识地控制眼神和嘴角。即在做出表情之前，有意识地控制眼角肌肉向上抬，这样更容易让眼神显得温柔，而对于嘴角的控制则需要加强训练，你可以通过面对镜子时常保持放松锻炼嘴角线条，促进嘴角肌肉形成记忆，让整个表情更显放松和轻快。

· 原来表情也能说话

在直播间中，主播通常需要独自支撑直播间的运作数小时之久，这就要求主播拥有非常强悍的沟通能力。其实沟通能力不仅体现在语言层面，你的表情匹配动作同样能够起到说话的作用，就如同人的眼睛会说话一般。

当然，想让表情起到说话的作用，需要主播管理的是自身的动态表情。多数时间动态表情其实就是主播内心状态的投影，因此要想让表情能说话，就必须有效调整自身的心态，以便形成更自然、更正向的表情。

一是，需要具备真诚心态，真正从内心深处尊重粉丝，从而自表情中呈现出轻松和从容的姿态，也能够让粉丝更深刻地感受到主播的内心。

二是，需要自身心态平稳、自然，即主播需要随时处在较为舒适的状态，不论是环境、话题、着装，还是直播间装饰、布局等，都需要尽量与自身内心喜爱的状态靠拢，这样才能确保主播说话时表情更加自然亲近。

三是，要学会有效控制表情，避免一些无意义的表情不断出现，同时需要从心态层面打造出自己最佳的状态。只有心态健康、积极向上，才能够映射到表情之中，从而带给粉丝一种最佳的感觉。

主场把控，全靠话题

在直播间中，主播一定要记得直播间就是自己的主场，你需要动用所有能力进行话题管理，以便避免直播间冷场。作为主播完全可以从开放式问题和社会热点两个角度来引导整个直播间的话题。

· 你真的会问问题吗？

前文提到，直播同样是拥有剧本的，但和娱乐、演艺领域相似，完全的照本宣科根本无法让粉丝感知到你作为一名主播的个性和活力，也就是说，粉丝想看到的是一个和他们一样有血有肉、有感情有缺点，又能够和他们打成一片、头脑清晰且灵活的沟通者，而不是一个仅会照着剧本一板一眼说下去的傀儡。

真正好的主播，虽然也是按照直播剧本行事，但却会将自身的感悟、自身的理解、自身的感情融入进去，也可以理解为需要成为一位拥有热度的真实的主播，而不要成为一位死板机械的花瓶。

在直播间为了避免照本宣科，也为了能够和粉丝增加互动话题，主播可以从开放式问题着手，通过开放式问题引导粉丝广泛参与，让粉丝能够感受到主播的灵动和真实。

开放式问题，其实就是一种引导化的场景性问题，类似于"我曾经经历了这样的事，不知道大家有没有经历过？"或者"当我遇到这样的事时会出现这种感受，不知道大家遇到过这样的事没有？"

这种开放式问题，一般需要以一段经历或故事作为引子，因为问题完全开放，所以很容易激发粉丝的参与欲望，从而粉丝就会畅所欲言，也就不会让直播间出现冷场现象。

在学会运用开放式问题之后，在直播过程中还可以有意识地寻找和挖掘一些和直播主题相关的话题，然后以开放式问题进行沟通，从而引发粉丝的关注和参与，这样也能够有效提高直播间的热度。

· 比较危险！

当今这个网络时代，事件曝光度得到了极大提升，很多被曝光的事件同样是大众所关心的事件，从而使这类事件在曝光之时，就成了极受关注的时事热点。

在直播过程中，作为主播同样可以借助各种时事热点来提高直播间的热度和曝光度。但需要注意的是，搭乘时事热点的快车，并不是纯粹的"蹭热度"，而是需要将直播主题与时事热点进行完美融合，充分展现出直播的主题和风格，这样才能够搭乘上时事热点的快车，让直播间拥有更多流量和曝光度。

搭乘时事热点的快车，同样拥有一定的技巧，主播可以这样去做。

主播需要先对当下的时事热点进行深入了解，并总结和剖析出时事热点背后的干货、内涵，然后结合自身的观点和想法，在直播间进行引导式阐述，将自身的观点以时事热点为载体进行推广。

之后主播则需要将总结和归纳出来的干货，与自身的直播主题进行融合，让这些干货能够和直播内容宛如一体，这样才不会让粉丝感觉到突兀，也不会带给粉丝纯粹的"蹭热度"的感受。甚至主播可以借助时事热点来策划直播剧本，确保整个直播过程中时事热点和直播内容、直播主题息息相关，从而有效引流并提高直播间的曝光度。

通常时事热点会有一定的时效性，随着时间的推移热点的热度会逐渐下降，最终讨论热潮就会过去。作为主播可以抓住时事热点的讨论热潮来实现一次引流。

在讨论热潮过去之后，时事热点造成的影响其实依旧会持续一定的时间。该阶段完全可以再次利用这种后续影响来提高直播间的粉丝流量，比如，可以挖掘时事热点的周边事件，也可以针对讨论热潮中的关键性观点进行探讨，从而实现时事热点的二次引流，再次提高直播间的曝光度。

热场，以培养情感为主

其实，直播间就是一个人与人不断沟通交流的场所，而想要让直播间这个场所一直不冷场，就需要主播能够真正和粉丝形成情感连接，并在直播过程中不断培养与粉丝的情感，也就是说需要彼此之间宛如朋友、宛如家人，这样彼此的情感才会处于热烈状态，也就不会出现冷场的现象。

·拥有情感的互动才是真的互动

直播过程之中主播与粉丝的互动，是维系彼此情感、培养和加深情感的重要手段，因为互动的最终目的就是让彼此形成情感纽带，所以整个互动的过程，也需要拥有情感。

最基础的拥有情感的互动，就是在直播间让粉丝清晰地感受到主播的关注，而对粉丝的不同称呼，就是最直白的"告白"。在直播间中，主播称呼粉丝时必须差异化，尤其不能使用"观众""消费者"这种过分功利化的称呼，而是应该使用更加亲切的称呼。

比如"家人们""宝宝们""姐妹们""亲人们"等，这样亲切也接地气的称呼，能够快速减少你与粉丝之间的陌生感和距离感。还可以使用一些具有地域特色的称呼，如带有东北特色的"老铁们"。

而对于刚刚开始直播的新人主播而言，对粉丝的熟稔称呼也能够有效提高粉丝的黏性，尤其是一些已经多次出现在直播间的粉丝，若主播能够亲近地区别称呼，就能够在很大程度上让粉丝感受到主播的关注和关怀。

当一些曾低调多次出现在直播间的粉丝，在某个阶段消失了一段时间，再次出现在直播间时，主播应该以惊喜且关怀的口吻予以关心。在打招呼的同时恰当引导粉丝畅怀沟通，甚至可能会形成彼此更加深入的互动。

除了称呼粉丝的基本情感互动之外，作为主播想和粉丝形成拥有情感的互动，下一步就需要让粉丝更加了解自己，毕竟完全陌生的彼此根本无法培养出具备信任的情感。

让粉丝更加了解自己的最简单的手段，就是主播可以在直播过程中增加一个即兴提问的环节，即让粉丝能够在特定的时间节点或话题节点，即兴对主播进行提问，以便主播能够向粉丝展现真实的自己。

设计即兴提问的环节，需要注意三个关键点。

一个是即兴提问的时机。通常在该环节之前，主播应该给予粉丝准备的过程，可以引导粉丝准备问题、缓和情绪，之后再进入提问环节；如果粉丝不知道要提问哪些问题，那你可以对平时评论中粉丝关注较多的问题进行回答，引导粉丝逐渐放开心怀。

即兴提问开始的时机重要，结束的时机同样重要，千万不要将所有的问题都回答得清清楚楚后才结束，最好能够留下一部分问题，以便形成连续长久的互动。

另一个就是你需要有效引导粉丝的提问方向。一般情况下，粉丝最容易提出的问题或者是有关主播的一些八卦，或者是一些粉丝个人比较关注的内容，也或者是一些敏感问题，因此在设计即兴提问环节时，作为主播一定要设计好提问开端，需要引导提问能够与直播内容、直播主题相关，并在此过程中逐步加强人设和形象的展现。

再一个就是答案了。既然设计即兴提问，自然需要高效回答粉丝关注的问题，但这并不是说需要一味迎合粉丝，而是需要你能够引导整个提问过程的节奏。一方面需要确保粉丝能够针对各种各样的问题不断延伸，从而形成非常活跃的直播间氛围；另一方面则需要灵活应对各种问题，千万不能直接照搬设计好的答案，而是应该灵活处理。选择回答的问题，需要是广泛粉丝感兴趣的问题，回答时则需要既有深度又有趣味性。

·原来音乐和热场是绝配

人其实都是感性的生物，尤其是处在某种氛围之中时，更容易受到感性因素的影响做出各种决策，而音乐作为一种不需要语言就拥有非常强悍的情绪感染力的艺术门类，也更容易调动人们的感性情绪。

在直播间中，主播完全可以借助音乐实现对粉丝情绪的调动。一方面，音乐可以成为热场的利器；另一方面，音乐响起时，主播的沟通压力和表达压力也能够有效减轻。

而且，作为主播需要根据直播间的氛围状态选择恰当的音乐，以便让音乐起到对应的氛围烘托作用、情绪引导作用等。而且在直播过程中，应该确保音乐风格有所不同，以便适应直播间不同的氛围和状态。

这就需要主播能够在准备直播时，不断更新自己的曲库，而且需要时常关注粉丝的动态，以便及时挖掘粉丝偏爱的音乐，并在直播间进行展现。

另外，作为一名拥有自身直播风格的主播，完全可以自主寻找一首和自身个性极为匹配的音乐，以便作为直播间的背景音乐，长久播放，你可能也会成为一位"自带BGM"的成熟主播，甚至在音乐响起时，粉丝脑海中就会自然而然出现你的身影。

救场宝典：应变能力面面观

虽然在直播之前，主播可能进行了具体的文案创作甚至剧本排演，但真正进入直播之后，难免会遇到各种不可预知的突发情况，也就是俗话所说的：计划永远赶不上变化。当遇到各种不可预知的突发情况时，整个直播间的场面自然会出现波动，这时就需要主播拥有极强的应变能力来救场，以便确保直播顺畅进行，并确保直播间的氛围能够回到正轨。

解铃还须系铃人

在直播过程中，作为主播难免会因为自身原因而引发各种失误、失控情况，还有可能会因为自身的身体出现异样而影响直播。不论哪种情形，只要和你自身相关，就需要记住——解铃还须系铃人。

·失误了！怎么办？

直播过程是一个主播和粉丝不断互动、沟通的动态过程，虽然在直播之前必然会规划剧本乃至进行排演，但各种各样的失误依旧在所难免，比如，忘记了剧本台词、说错了某个名字、搞反了具体流程、拿错了对应道具，甚至因为直播过程中摄像头会放大主播的特点，所以容易出现由于你的某个细微动作或表情被误读从而引发失误的情况。

其实，当失误并不是太严重时，你完全可以用快速解决的方式来处理。一种就是发现失误就及时处理，然后通过引导来转移粉丝的注意力，尽量让粉丝减少对失误的关注。

比如，本来在直播过程中，打算通过唱歌来带动氛围，唱了两句却发现音乐伴奏没有被粉丝听到，原来是声卡忘记打开。这时完全可以嘻哈一笑，用转移注意的方式处理："怎么样，这两句清唱有没有想象中的味道？下面正式开始哦！"并在此过程中，将声卡打开并调整好，以便能够顺畅地过渡到唱歌环节。通过这种转移话题的方式，你既能够轻松解决问题，也能够有效改善直播间的氛围，虽然出现了失误，但是你却让这个失误成了表现自身个性风格的载体。

另一种则完全可以将错就错，大大方方承认自己的失误，但用引导式的沟通让粉丝略过这些失误，甚至还能够以失误来娱乐粉丝。比如，依旧是唱歌未打开声卡的失误，你也完全可以直接承认："听不到音乐吗？原来音乐没开，哎呀，我的首次清唱就这么被你们听去了。怎么样，后边是听清唱还是听带伴奏的唱？"

主播通过将错就错的方式，把失误略过后，再将选择权交给粉丝，既承认了失误，又快速进行了处理。如果粉丝决定听清唱，完全可以直接唱下去；如果粉丝想听带伴奏的歌曲，那就可以打开声卡，调试过程还可以让粉丝来参与。

当然，这种不严重的失误完全可以轻松略过，粉丝也不会过分放在心上，但有一些较为严重的失误，除了直播过程中进行及时处理之外，还需要在直播结束之后诚恳道歉，毕竟失误出现了，及时让粉丝感受到你的诚恳态度，也能够让粉丝感觉到你对他们的重视。

• **失控了！怎么办？**

在直播过程中，尤其是新主播，很可能会在直播间遭遇网络攻击——海量负面信息的轰炸，尤其是可能遭遇（甚至刚刚开始直播就可能遭遇）无数黑粉无穷尽的信息攻击，乃至会对主播形成人格侮辱、谩骂等。

其实这是直播行业最容易遭遇的问题，即使彼此没有冲突、没有关联、素不相识，这种情况依旧会发生。可能对于在直播行业打拼较长时间的主播而言，这种负面信息根本不会对他们产生任何影响，但对于刚刚进入直播行业的主播，因为没有被信息轰炸过，心理承受能力也稍显不足，很可能会内心委屈，乃至情绪崩溃，从而在直播间出现情绪失控现象。

虽然作为主播需要在直播间尽可能控制情绪，但主播也是普通人，自然会受到情绪波动的影响，所以出现情绪失控也属于人之常情。不过作为主播毕竟在从事直播行业，管理情绪是必须锻炼的能力。如果情绪失控，也需要制定后续的补救措施，以避免形象受损。

在你的情绪平稳下来之后，一定要主动道歉，不论是在直播过程中还是在直播结束之后，都需要主动说明情况。这种道歉的行为，其实是在向喜欢你的粉丝进行解释，即说明自身的确出现了情绪失控的问题，影响了粉丝们的体验。

如果在情绪失控之后，你发现在直播间和你争执、出现矛盾的并非黑粉，而是真心为你考虑的粉丝，只是在某些问题、事件方面有歧义，此时你就需要主动诚恳地道歉，主动和粉丝私聊，将问题尽可能摊平说开，让粉丝也感受到你的真诚。

除此之外，作为一名主播，还需要不断去锤炼自己，让自己拥有强大的心理承受能力。毕竟任何人都不完美，受到他人的质疑在所难免，而且要清楚地知道，互联网本身就是一个鱼龙混杂的场所，并不是所有的粉丝都拥有较高的素质，难免会有人喜欢搬弄是非。

所以，即使在直播过程中遭遇莫名中伤，也要以广大粉丝的体验为先。以一颗强大且平稳的内心去面对种种状况，有效控制好自身的情绪，这样才能带给粉丝们一场高体验感的直播。

·身体异常时怎么办？

虽然直播行业看似极为高光，好像主播只需要进行直播即可，但其实在整个直播行业，绝大多数主播每日都会进行直播，甚至常年不打烊，这种常年不停歇的工作模式，难以避免地会对身体造成很大的负担，偶尔在直播过程中出现异常情况。这时该如何处理呢？

如果身体出现了轻微不适，并不会影响后续的直播效果，那么完全可以先引导粉丝转移注意力，当粉丝的注意力从你的身上转移到其他地方后，趁机进行快速调整（如休息、吃药），以便将自己最好的状态展现给粉丝。这种对身体异常情况的防范，需要提前准备，即使直播持续很长一段时间这种防范手段都未派上用场，也必须有备无患。

如果身体不适有可能会影响后续的直播，必须及时休息。如可以中场休息，给予彼此5～10分钟时间，在这段时间要快速调节身体状态，以便减少身体异样对直播的影响。而且可以在即将结束直播时将情况进行简单说明，并如实阐明身体情况，相信粉丝都会理解。

如果身体异常情况已经严重影响直播，主播必须及时向粉丝们说明、致歉，然后停止直播及时就医，并在身体恢复过程中及时向粉丝予以汇报。这样也能够获得粉丝们的理解和支持。

你的粉丝不得你来宠吗？

在直播过程中，由粉丝引发的各种状况其实也是非常常见的，比如一些粉丝会因为直播过程并不符合需求而带头起哄，有些粉丝则会在互动过程中提出一些较为无理的要求。作为主播，遭遇这些情况也需要拥有良好的处理能力，毕竟，你的粉丝还需要你来宠。

粉丝起哄的情况，通常会出现在主播新入直播行业之时，因为对直播流程把控并不稳定，而且自身的心态也尚未完全适应，所以很可能让直播过程显得死气沉沉、毫无新意，这样也就无法让粉丝满足，因而很可能会有粉丝起哄，甚至不会配合主播的各种建议。

其实遭遇这样的情况，很大程度上是由于主播并未做好准备工作，比如没有规划好直播主题，粉丝进入直播间之后根本就不知道主播想做什么；又如没有制定直播剧本，造成直播过程中内容极为乏味。粉丝进入直播间缓和情绪、娱乐自己的需求是最基本的要求，看到直播间这种状态起哄自然非常正常。

因此作为主播必须做好前期策划和直播文案创作，最好能够提前预告直播要做什么，以便让粉丝也有所准备。如果在做好准备后，直播过程中依旧出现了起哄现象，这就说明你的直播过程不尽如人意，其实也是一种逼迫你改变直播模式的反馈。

你可以根据直播主题和直播剧本，在确保主题不偏离的基础上，积极让粉丝来参与，减少粉丝的观望感，提高粉丝的参与感，同时需要及时关注粉丝的情绪，通过互动来促进彼此的了解。

另外，在直播过程中作为主播还需要及时让话题切中粉丝们的痛点，尤其是粉丝们的兴趣方向、需求方向等。其实多数粉丝进入你的直播间，是被你的直播主题、内容方向吸引。如果粉丝进入直播间发现直播间话题根本无法与自己需求契合，自然会不满。

所以作为主播，在直播间的各种话题，最好能够和直播主题息息相关，并不断穿插一些与主题相关的趣味内容等，同时增加与粉丝的互动，以直播主题相关话题来引导粉丝参与讨论，这样才能够形成顺畅的沟通。

有时候在直播过程中，主播还可能会遇到提出无理要求的粉丝。对于多数无理的要求，你大可以无视之，尤其是那些无理且带有人身攻击的要求，完全可以将其忽略，还可以巧妙利用直播平台的特性对这类粉丝采取对应的措施。

不过有时粉丝所提出的要求虽然无理，却不一定有人身攻击，这时完全将这些要求忽略又有些不妥。最简单的处理方式就是进行适当的拖延，比如对一些要求阐明要考虑考虑。

如果有些粉丝所提出的要求虽看起来合理，但对主播而言有些无理，同时粉丝又不是在恶意提要求，比如，粉丝希望和主播畅聊到很晚，这种要求对主播而言较为无理，但可能粉丝感觉较为合理，此时主播可以巧妙进行拒绝。在充分考虑粉丝感受的同时，说明自身的条件有限，如整夜畅聊要求，主播完全可以及时拒绝，并告知粉丝第二日还有直播，为了避免给粉丝带来不精神的观感，需要及时休息。

如果回避和拒绝都无法解决，对于恶意无理的要求，作为主播完全可以凭借自身的情商和口才，进行无伤大雅的回怼，既让粉丝们感受到主播的特点，也不会让粉丝群体有不好的体验。

搞定各种"不听话"的设备

进入直播行业，自然少不了各种直播设备的运用，但有些直播设备可能会在直播过程中无缘无故地"罢工"，影响直播效果。而对付这些"不听话"的设备，主播也需要拥有一定的智谋。

如果在直播过程中，某些设备突然"罢工"，但却不会影响直播的进行，那就需要主播及时将问题找出来，并用轻松的态度缓解直播间的氛围，如可以采用幽默处理手法，将出问题的设备忽略掉，确保直播顺畅进行，可以说："好像大家的热情让这玩意儿不堪重负，不过并不影响，为了感谢大家的热情，给大家来一段才艺……"

通过这种方式，既能够缓解设备突发状况产生的影响，也能够体现出你的应变能力，还不会对直播氛围造成影响。

如果是一些比较容易处理的设备故障，比如麦克风不慎关闭、网线被不慎踢掉等，完全可以第一时间处理好，然后继续在直播时用幽默的话术道歉，并快速引导直播氛围重回正常。这需要主播能够对直播间的各种设备有一定的了解。最好的处理手法就是在条件允许的情况下准备好备用设备，在出现设备故障时，快速进行更换，避免直播中断。

如果设备故障很难处理，甚至无法维系后续的直播，一定要找机会和粉丝解释清楚，如停电、网络故障，就需要及时借助平台向粉丝阐明情况，避免粉丝被晾在一旁不知缘由。

出了问题，态度必须摆出来

在直播过程中出现问题，不论是哪些缘由引发的，作为主播都需要将自己真诚的态度摆出来，需要主播能够及时且真诚地道歉。

真诚的道歉并不是"对不起"三个字就能够涵盖的，摆正道歉态度，需要做到能够及时处理、阐明错误因由、认识自身过错、提出补救措施、接受粉丝的批评，最终还需要给予粉丝接受道歉的时间。

在互联网时代，任何信息的传播速度和发酵速度都迅如闪电，所以只要出现错误，就需要及时道歉，不要等事件发酵之后才补救，那就为时已晚。

在道歉之时，需要阐明错误的因由，坦诚对待任何一位粉丝，分析错误出现的原因，并在一定程度上夸大自身的过错，真诚地向粉丝道歉，同时需要诉诸一些补救措施，尤其是在行动上让粉丝认识到你已经在改正错误，用行动、态度和时间去验证，也一定要说明期望粉丝能够予以监督。

在道歉的过程中，还需要真切认识到粉丝的批评和监督会让你的直播得到更好的发展，所以要真诚地接受粉丝的批评，并接受粉丝们提出的各种妥善的建议，让粉丝认识到你的真诚。

最终，在道歉之后，不要期望刚刚道歉完毕粉丝就能够再次接受你，而是需要给予粉丝一定的时间，毕竟任何错误从出现到被原谅，都需要时间的验证，所以道歉之后，一定要诚恳地践行你真诚的许诺，让时间去替你说话。在这个过程中如果遇到不依不饶的粉丝，千万不能回怼，并表示会以具体的行动表现你的悔改，这样才能够在直播行业越走越远、越走越顺。

关系宝典：想说信任不容易

整个直播行业的根基，其实就是主播和粉丝之间的沟通、互动，最终建立起彼此的信任关系。任何主播想要不断扩充自身的流量池，以求最终的流量变现，都需要和广大粉丝群体建立牢固的信任关系。

不过，信任关系的建立并没有那么容易，不可能仅仅靠几场直播就能够达成，而是需要持之以恒的关系维系。尤其是在直播带货的过程中，不论是实体产品还是精神产品，信任关系更不容易建立，这就需要主播能够拥有一定的维系关系的技巧。

用互动打开彼此的心门

直播间是人与人沟通的重要场所，虽然整个直播间的氛围需要由主播进行把控，但是整个直播过程其实本质上一直是沟通的过程。主播需要通过沟通来与广大粉丝建立信任关系，其中最常用的手段就是借助互动来打开彼此的心门。

主播与粉丝的互动，可以借助分享故事、回答问题、开放式提问、制造话题等实现。

分享故事，其实是主播推进粉丝了解自身的重要手法。需要注意的是，主播所分享的故事，需要融入自身的经历、感受、情感，同时需要和直播主题、直播内容等紧密关联。

回答问题是指主播在直播间要积极回答各种粉丝提出的问题，尤其是有关直播主题、内容和产品的各种细节问题，多数会以评论的形式出现，这就要求主播能够在直播过程中时刻关注评论区，针对特定的问题及时给予答复。有时在直播过程中，前一位粉丝刚刚问过的问题，可能下一位刚进入直播间的粉丝会继续提问，这时作为主播一定要保持耐心，认真对待任何一个问题。

在直播过程中，主播还需要时不时引导一下粉丝，询问粉丝是否有问题有疑惑。当然，在提问的过程中，粉丝也可能会问及一些与直播主题、直播内容、产品等毫无关系的问题。比如，可能会问直播间中的摆设、装饰风格，也可能会问及主播的个人问题，这时主播也不要完全忽略这些问题，而应该有技巧地进行回答，在满足粉丝好奇心的同时，也要快速将话题引导到直播主题和内容相关方面。

直播间的互动，还可以借助开放式提问来达成，比如针对一个技巧或者方向，询问粉丝应该怎么做或者为什么，引导粉丝去积极思考，这样粉丝的想法也就能够更好地反馈给主播，从而促进彼此了解。

开放式提问能够推动粉丝积极参与，也能够让直播间的氛围更加活跃。如果开放式提问与回答问题相结合，则能够促使彼此形成更加深入的了解，这对后续彼此打开心门、形成信任关系有很强的促进作用。

在直播过程中制造沟通话题，是维持直播间氛围、提高粉丝参与度的重要手段。虽然直播的最终目的是流量变现，但前提却是拥有流量，而真正的流量就需要由忠实的粉丝形成。

想要在直播过程中留存粉丝，就不能一直由主播发言。任何轻松的氛围必然需要沟通互动来塑造，这就要求主播在开启直播之前，就根据直播主题和内容等，准备数个话题，在直播过程中以话题来引导粉丝参与。

这些话题应该是粉丝所关注和期望探讨的，同时准备的话题不能过分敏感，否则很容易导致粉丝在直播间讨论观点时形成多个对峙队伍，容易影响直播效果。话题需要既轻松又有内涵，既受粉丝关注又和直播主题相关，而且作为主播必须有抓住机会引爆话题的能力，尤其是对某些话题必须拥有独特的见解，这样才能够和粉丝深入沟通，并让彼此形成更加深入的了解。

当然，如果某个话题的热度一直很高，作为主播还需要拥有控制粉丝热情的能力。毕竟一个话题长久探讨，很容易造成偏离主题、话题涉及范围过广等问题。只有主播能够对话题的热度进行把控，才能够在维护直播间氛围的同时，让粉丝对主播更加认可也更加信任。

一定要和粉丝稳稳站一队

直播间中的沟通交流，可以借助互动来打开彼此的心门，以便促进主播和粉丝之间的深入了解，从而也有效增强粉丝对主播的信任。这种初始的信任，在后续直播带货的过程中，需要再度加强，否则整个直播间的状态只会宛如昙花一现无法持久。

想要在后续直播带货的过程中，依旧不断提高粉丝对主播的信任程度，作为主播就一定要和粉丝站到一队，也就是说主播必须站在粉丝的角度去看待问题，深入了解粉丝的核心需求，这样才能够形成更加坚固的信任关系。

·为了粉丝，你也得足够专业

主播在进行直播带货时，不能只是简单地对产品进行介绍，而是要对产品所在的整个产业领域有足够了解，并拥有极为全面的专业知识，只有这样，在直播过程中才能够有效回答粉丝的各种疑问。

不论是推荐何种产品，主播都需要在直播之前就对相关领域的专业性知识进行深入了解和熟悉，以便在直播过程中能够展现出自己的专业，即使仅仅从粉丝的角度出发，作为主播也应该对专业知识有足够了解，为了粉丝就应该帮助粉丝解决各种疑问。

这里所说的专业性，其实并不是纯粹的背书，更不是将自己所知的专业内容在直播间照本宣科进行介绍，而是要结合不同粉丝的不同理解能力，以及不同粉丝的不同现状，用最通俗的语言进行对应说明。

比如，在介绍一款食品时，可以用专业的证明来提升权威性，但在阐述内容时，一定不要一连串专业名词同时出现，如食品的营养价值，不能只是简单地说其中含有百分之多少的维生素、百分之多少的蛋白质、百分之多少的矿物质等，而是要从不同人的身体状况、吸收营养的能力角度进行介绍，对哪种体质会有哪些好处，能够为身体带来哪些改变等。用这种通俗的语言，结合带有清晰数据的证明，才能够让粉丝感受到你在做介绍时是真切地为粉丝考虑，显示你的专业知识。

· 质量和性价比，才是粉丝最关心的

作为主播，虽然最终的目的是通过带货将粉丝的流量变现，但任何主播在直播行业长久发展的基础，都是对你足够信任的粉丝。建立信任的过程本就极为不易，而且艰难建立的信任关系，还很可能因为一次失误就完全崩盘。

鉴于此，作为主播就必须一直站在粉丝角度去看待各种问题，在带货时，所有粉丝关心的其实都是产品的质量以及性价比，绝大多数粉丝并不排斥产品比其他同类产品价格高，但必须明白价格更高的优势在哪里。

也就是说，主播在介绍产品时，必须对产品的质量进行详细分析，而且可以和同类产品进行对比，充分展现出产品的优势，如一个产品的价格相比较其他产品稍高，如果主播不进行同类产品比较，粉丝唯一的感受就是这个产品的价格好像比同类高，相比而言就不太合适。

但是如果主播能够将同类产品进行对比，阐明之所以该产品的价格会稍高，是因为这个产品的某些方面更具优势，如质量更佳，使用年限更长，拥有更好的性价比，对于粉丝而言更合适，另外就是产品的售后服务、质量服务等，都具有更佳的优势，这样的介绍能够让粉丝感受到产品的质量更具优势，虽然价格稍高，但却更好接受。

而且，作为主播完全可以进行现场试用，或者在推荐产品之前就进行试用，亲自试用会有独属于自身的感受，如果直播过程中主播将自己试用的感受进行分享，则更容易被粉丝接受，也更容易获得粉丝的信任。当然，这种感受不能说得过分绝对，如推荐一种食品时，不论是口味还是感觉，都要基于自身特点去描述，而不是以偏概全，否则就容易让对特定口味敏感的粉丝感觉受到欺骗。

控场宝典：细节，细节，还是细节

直播的整个过程，需要主播寻找到能够与粉丝达成平衡的相处之道，这样才能够让直播间永远处在你的掌控之中，而真正的控场，以及主播个人修炼的重点，就是各种看似并不太起眼的细节，就如俗话所说：细节决定成败！

你的粉丝，就是你的宝藏

其实在直播过程中控场，最本质的就是能够有效引导和管理你的粉丝群体，毕竟你的粉丝，就是你的宝藏。而引导和管理粉丝也拥有很多技巧，且这些技巧常在各种微不足道的细节中。

·在直播间，谁尴尬难堪都不是好事

直播的整个过程，以主播与粉丝的沟通为主，既然是沟通，出现失误、说错话、发生理解偏差、产生分歧等自然就是非常常见的事。作为主播，当出现说错话等失误，完全可以依托自身强大的心态、灵活的应变能力灵巧化解，这属于主播比较基本的沟通技巧。

除了主播会出现这样的尴尬时刻之外，其实很多时候粉丝也可能会因为不经意而说错话、理解偏差、发表不恰当的论断等，而且当出现这样的问题后，粉丝多数会猛然之间发现自己好像错了，从而陷入尴尬难堪的境地。

此时，作为主播而言，千万不要一言略过，而是应该从粉丝的角度，通过巧妙的手法来有效化解粉丝的尴尬。

比如，在一次情人节进行直播时，有粉丝给主播邮寄了礼物，主播自然会在直播过程中打开并予以反馈。当你打开这份礼物时，发现里边全部都是绿色的物品，包括绿色包装的零食、绿色的帽子、绿色的饰品等。

其实在情人节的时刻，一个"绿色帽子"就很容易让人产生误会，如果作为主播的你，当着整个直播间的粉丝，轻描淡写地拒绝掉这份特殊的礼物，不仅会有损你在粉丝内心中的形象，也会让邮寄礼物的粉丝感觉到非常尴尬——这位粉丝在邮寄礼物之时，其实并没有想到会误会，只是以"宠主播"的角度，邮寄了一份以绿色代表"生态"的礼物而已，此时粉丝发现这份礼物之中有些很容易让人产生误会的东西，自然会尴尬又难堪。

但是，如果你作为主播能够毫不在意地将所有礼物接受，戴上帽子、饰品，打开绿色包装的零食轻松地享受，不仅能够给予粉丝一个正面的形象，而且能够有效化解掉送出礼物的粉丝的尴尬。

如果有粉丝在直播间遭遇尴尬，作为主播也应该挺身而出，运用自身的幽默、才艺，将所有粉丝的注意力转移到主播自身，及时去化解粉丝的难堪，这样不仅能够收获陷入尴尬的粉丝的青睐，也能够让整个直播间的氛围和主题不会偏离掌控。

· 一定要重视粉丝的标签——昵称

在直播过程中，因为主播一直处在摄像头拍摄之下，而且做好了各种设计，所以主播的个人标签会比较凸显，这么做的目的，自然是为了能够让粉丝对你形成深刻认知，并让你体现出自身的风格和特点。

但是，直播并不是主播的独角戏，而是需要你和粉丝不断互动沟通、不断维系彼此关系的过程，仅仅粉丝熟悉主播根本无法满足众多粉丝的需求，尤其是粉丝的心理满足感。

因此作为主播，还必须重视粉丝的标签，只是一般直播间中粉丝量会非常大，而且粉丝和主播连麦也并不太常有，所以在直播间之中，粉丝最重要的标签，就是粉丝的名字，也就是粉丝在你的直播间中所使用的昵称。

即使粉丝的昵称完全是他在虚拟网络世界的名字，但从粉丝的角度而言，这个名字就是他在虚拟网络世界的标签。很多粉丝之所以会在直播间留言、评论，很大程度上也是为了在这个虚拟世界留下属于自己的印记。

所以作为一位主播，必须重视粉丝的昵称，如果能够在直播过程中，可以随口说出粉丝的名字，并且在感谢粉丝时能够将各个名字一一说出，必然能够让粉丝感受到自己受到了关注和尊重。

要做到这一点，就需要主播能够从内心深处，尊重每一位粉丝，并养成对粉丝昵称进行关注的习惯，包括粉丝进入直播间捧场支持时，就可以直接称呼粉丝昵称："XXX，欢迎来到直播间！"如果是进过直播间数次的粉丝，消失几天又再次出现时，作为主播则可以亲切地打招呼："XXX最近在忙什么？"

虽然这种招呼形式非常简单，但在粉丝眼中，却能够感受到主播对粉丝的关心和关注。

作为主播，需要形成对各种昵称的敏感度，而且需要在每次直播结束后，复盘时对粉丝的昵称、特定的粉丝恰当地进行分类和管理，形成属于自己的记忆，以便在日后直播过程中能够有效运用。

· 千万别让"不"脱口而出

在心理学领域，当人说出"不"的时候，他的自尊心和惯性，就会自然而然推动他不断坚持己见，甚至在之后他发现"不"的回答并不太恰当，但也容易出现"箭在弦上不得不发"的情况，即继续坚持己见而不会松口。

这种心理学现象，在直播间之中同样存在。如果在直播过程中，主播没有恰当地引导粉丝，当有粉丝说出"不"时，就很可能影响直播的效果。

基于此，作为主播就需要在直播间，通过恰当的引导，用心理暗示的方式促使粉丝做出各种肯定的回答，即使无法引导粉丝做出肯定回答，也绝对不能让粉丝脱口而出"不"。

这需要主播在提问时，掌握正确的提问方式。一般想引导粉丝进行肯定回答，或者即便粉丝不想肯定也不会直接拒绝，就可以使用肯定暗示式提问法,如"你们肯定想听我讲讲刚才那件事吧?"

而在沟通聊天互动过程中,想要引导粉丝在不知不觉中进行肯定回答,就需要将话题层层递进,分层次逐渐引导。当粉丝逐渐肯定你的第一个主题后,再深入到第二个主题,层层递进自然就能够引导粉丝给予肯定的回答。

你的个人修炼,也重在细节

作为主播,控场能力的个人修炼,其实也需要从细节着手。很多时候虽然微小,但这些微小的细节却能够逐渐积累、汇集成为影响巨大的能力。

·沟通,还考验理解力

在直播过程中,主播和粉丝的沟通是最日常的内容。在短短的一段时间内,想要实现与粉丝之间的有效乃至高效沟通,一方面需要主播拥有极为精湛的表达力,也就是前后所涉及的各种沟通能力,能够快速且通俗地将内容阐述给粉丝;另一方面还需要主播拥有强悍的理解力,即能够在飞速变化的粉丝回复中,快速抓住重点,理解粉丝的需求和渴望,并有针对性地给予反馈。

理解力的锻炼和提升,就需要主播能够在直播过程中,真诚倾听粉丝的想法和反馈,并且需要从粉丝角度去看待各种问题和想法,这样才能够快速感知到粉丝的真实情况,也才能够更加精准地把握住粉丝的真实需求。

·数学里的负负得正也适用于直播间

在数学领域里,两个负数相乘,就会得到一个正数。其实这种负负得正的特点,也适用于直播领域。直播过程中,主播难免会遭遇各种"黑料"攻击,尤其是一些新人主播和网红主播。前者新入行,处事尚无法滴水不漏,必然会有粉丝抓住负面反应时不时地进行爆料;后者入行已久,"人红是非多",同样会有粉丝挖黑料进行曝光。

如果作为主播在直播间被粉丝爆料之后,无法控制自己的情绪,甚至会成为爆料粉丝的把柄,就会严重影响你的直播生涯和未来发展。

其实,很多负面评论、负面爆料如果无伤大雅,作为主播完全可以控住自己的情绪，然后用巧妙的自黑来展现自己的另外一面，从而使两种负面信息碰撞后获得正面评价。

比如，有些主播在直播过程中，虽然颜值在线，但是因为摄像头的放大作用，很容易出现一些较为夸张的表情和表现，此时必然会有粉丝进行评论，包括表情夸张、丑陋等评价。

其实在出现这种评价时，作为主播必须清楚地明白，直播过程中虽然需要在意颜值，但颜值并不是一成不变的，你不同的精神状态、摄像头的不同拍摄角度，都可能影响本来不错的颜值。

所以，你完全不需要过分担忧这种对颜值的负面评价。如果能够适当自黑，甚至还能够收获一大批忠实的粉丝，如夸张表情被做成表情包并被发到评论区之后，你完全可以惊叹地表示："粉丝真有才，如果大家感觉好玩，可以把大家感觉有意思的表情截图发来，我来制作成表情包给大家用。"

当然，这种自黑也不能太过，如果你的自黑不会对你的直播风格、直播主题造成影响，就属于比较适合的自黑；但如果你的自黑会影响直播风格、直播个性的呈现，就需要适当减少这种过火的自黑，以避免最终事态一发而不可收。

·自助者才能天助之

在多数情况下，情绪和氛围其实是能够潜移默化影响周边的，直播间的情况同样如此。主播在直播过程中如果想有效控制场面，把控直播间的氛围，首先得让自己处在渴望呈现的状态、情绪和氛围之中，毕竟自助者才能天助之。

试想一下，如果你进入一个直播间中，发现一个死气沉沉、毫无生机的主播，在摄像头前自说自话，有一声没一声地重复一些内容，丝毫没有新意，你是不是转头就想离开？

毕竟，没有任何一个人希望自己受到负面情绪的影响，也不想因为进一个死气沉沉的直播间，让自己的情绪更加低落。

从这个角度来看，作为一位主播，不论直播的运营效果如何，都需要拥有自我情绪调节能力，一定要在直播间中呈现出自己的积极形象，将自身的热情、活力展现出来，即使最开始并没有多少粉丝，也需要维持下去。

直播间的氛围虽然需要靠粉丝维系和支撑，但直播开端气氛的形成却必然依靠主播带动。如果主播都无法保持积极的情绪，无法呈现足够的活力，直播间的氛围也不可能由粉丝带动起来。

要想呈现出活力四射、热情洋溢的直播间氛围，作为主播就必须拥有灵动的表情和动作，通过表情和动作营造出活跃、轻松的氛围。很多新人主播入驻直播间后，因为粉丝数量增长缓慢，表情动作管理也不到位，会出现开播后表情单一、动作僵硬、不知所云的状况，这样的主播相信没有任何一位粉丝会喜欢。

主播需要做到不论直播间有几位粉丝，都时刻保持自己的热情。如果粉丝能够在进入后短暂停留，在初期就已经是成功，长期坚持下去自然会逐渐积累出自己的粉丝群体。尤其是一些需要表情和动作配合的直播内容，如化妆方向、穿衣方向，主播完全可以适当呈现夸张表情和幅度较大的动作，同时辅以激昂的话语。只有先让粉丝感受到主播的热情和活力，才能够吸引到粉丝，并逐渐将粉丝转化为自己的流量。

第五章

想运营，就得先有足够的粉丝

直播的运营，其实从根本上讲就是粉丝的运营。想要进行直播运营，首先需要拥有足够的粉丝群体。没有粉丝，运营就如水上浮萍，根本无法落地，也无法奏效。

涨粉大法：粉丝——直播间的衣食父母

对于直播行业而言，粉丝可以说是绝对的根基。粉丝不仅是直播间和主播得以运转并壮大的基础，也是后续流量池转化、流量变现的基础。粉丝就如同直播间的衣食父母，任何直播间只有拥有足够的粉丝数量，才能够谈及未来。

作为基础中的基础，主播必须借助一定的技巧，才能够让直播间的粉丝数量不断增长；也只有持续涨粉，才能够推动直播间运营下去。那么作为一名新入驻直播行业的主播，该如何实现涨粉呢？

私域流量推动直播间涨粉

作为主播，刚进入直播行业时，不论处在哪个平台，自然而然是没有任何粉丝积累的，因此在开启直播之前，首先需要获取到属于你自身的粉丝群体，而最简单也最轻松的获取粉丝的方式，就是借助你个人的私域粉丝，恰当地引导私域粉丝实现引流，即可促使你拥有第一批个人的粉丝。

主播明确了直播平台，不代表你不能在其他平台积累粉丝。如果你选择了抖音为直播平台，在尚未开启直播之时，完全可以在其他平台进行预热，如可以在斗鱼发表段子来积累粉丝，可以在微博发表活动来激活粉丝，可以在微信发表朋友圈或在公众号发表预告等。

也就是说，在进入直播行业之前，吸引粉丝关注的活动就已经开始了。综合来说，将私域粉丝引流到直播间的手法，需要从两个角度入手：一个是私域个人社交平台，另一个则是各种平台。

·私域个人社交平台的引流

私域个人社交平台其实包括多个平台,其中最常见的自然就是微信、微博、QQ 等平台。直播间的第一批粉丝,完全可以从这些纯个人化的社交平台中引流。

如进行微信拉新。微信有三个拉新渠道。一个就是纯熟人的微信朋友圈。熟人本就对你知根知底,因此引流更加轻松,成为粉丝之后的黏性也更高,而且朋友圈虽然看似是一个个小圈子,但其用户覆盖面却非常广泛,能够实现多次传播,只需要你制作一个直播预告,在朋友圈让朋友们转发分享即可。

另一个则是微信群。只要在微信群中发布自己的作品(只要能够和直播风格相关的作品都可以,最后加上直播预告即可),群内成员只需要进行点击即可完成内容查看,内容的曝光度很高,同样能够吸引一部分用户转化为你的直播间粉丝。

还有一个则是微信公众号。作为主播完全可以将和直播相关的内容发布到公众号上。公众号本来就是推广宣传的平台,因此发布直播相关内容的推广作用也不会差。不过需要注意的是,在公众号发布内容,需要内容布局新颖、内容内涵深刻、能够符合用户兴趣和利益,最重要的就是要走心。

微博作为一个开放式社交平台,能够开放式发表信息和评论,同时还可以 @ 任何人,从而能够点对点进行信息传递,热门话题区域同样能够广泛吸引微博用户,因此借助上述几项功能,微博也能够为你的直播进行预热、推广和宣传。

QQ 作为最早兴起的个人社交平台,其本身不仅拥有非常长久的发展历史,也在不断开发多样化的流量聚集功能。通过对 QQ 多项功能的挖掘,主播也能够实现粉丝引流,推动 QQ 的粉丝向直播间靠拢。

·各种平台引流

前文提到,在选择最适宜自身的直播平台并决心进入之后,主播通常也会在各种平台拥有自己的账号和发表过对应的内容,如在各种短视频平台或直播平台发表过短视频，在各种图文宣传平台发表过文章，在各种音频平台发表过音频等。

这些多种多样又形式丰富的平台，其实都能够成为你直播平台的引流源头。不论是借助短视频，还是借助图文或者音频，你都可以将直播预告发布上去，以便将这些平台中的粉丝引流到直播平台，从而成为你的首批粉丝。

当然，在不同的平台进行引流时，一定要在明确直播平台和直播风格后，在特定的渠道进行信息发布，如决定成为美食主播，那就需要在各种平台相关的美食频道去发布消息，毕竟匹配的渠道中粉丝的兴趣方向才更契合，也才更容易实现引流。

公域流量推动直播间涨粉

直播行业想要涨粉，私域流量转化只能是辅助，毕竟私域的流量极为有限，要想真正快速涨粉，就必须借助开放性更强、针对性推荐更精准的公域流量池，毕竟公域流量能够让你获得更多曝光度，也对应着更加广泛的用户群体。

公域流量的引流，主要有两种方式。一种是在对应的直播平台，借助平台的推荐功能和曝光功能，来实现平台内部的拉新，如可以借助直播平台的预热模板、合作商家的渠道、推荐渠道等，发布相关直播的消息和预告，从而引导公域流量池中的粉丝对你的直播间产生兴趣，以便实现从公域流量池引流。

另外一种方式，则是直播平台推出的特定增加曝光率的功能渠道，通常这些功能渠道的目的是提升直播过程中收益效率，并能够有效提高平台用户在观看直播过程中的体验，同时能够让进入直播平台的主播更注重直播内容，以便借助该渠道获得更多推荐，从而将公域流量池中的粉丝引流到直播间中。

通俗来理解，就是直播平台会借助上述功能渠道，生成特定的直播推荐视频，对于主播而言，可以在直播过程中或者彩排过程中，借助功能将直播过程中最精彩的部分生成对应的推荐内容，主播可以借助这些推荐内容吸引公域流量池中的粉丝进入直播间。对于平台用户而言，则能够在平台观看直播时，根据自身喜好切换各种直播推荐内容，当选定某些感兴趣的直播推荐内容后，则能够借助对应的渠道进入直播间，可以有效提高用户的观看体验和消费体验。

当然，不同的直播平台的推荐功能效果和渠道也有所不同，如淘宝直播的该项功能，被称为直播看点；而抖音直播的该项功能，则是借助极为完善的大数据功能形成，平台会根据用户在特定直播推荐视频中的留存时长、切换频率、内容方向等，自主推荐越来越契合用户喜好的视频。

而且借助直播平台已有的公域流量池，主播在直播过程中也能够做到有效吸引粉丝加入，从而实现涨粉。需要注意的是，如今的直播行业竞争激烈，不论确定在哪个直播平台开始直播，最好能够在每次直播前都设置一个极具个性和风格的直播预告，而且直播开启的时间需要充分考虑到你的目标粉丝群体的属性特征，以便目标粉丝群体在对应的时间拥有足够的空闲和精力进入直播间。

拥有精准的直播时间后，直播预告还需要设置一个足以吸引人的封面或者动态内容，以便能够增加曝光、吸引更多粉丝关注。

搭乘兴趣电商的快车——FACT 模型吸粉

2021 年，"2021 抖音电商生态大会"在广州举办。在这第一届电商生态大会上，抖音电商总裁提出了一个全新的概念：兴趣电商。指的是挖掘用户的潜在购物兴趣，以提升用户生活状态和生活品质为目标的电商模式。

兴趣电商模式主要借助抖音直播的推荐技术和大数据分析技术，依托高质量直播内容，撬动抖音庞大的用户群体，并促成直播间的流量生成和积累。持续的高质量内容和高曝光度，则能够推动粉丝流量快速转化和沉淀，最终让直播间、商家、用户实现共赢，也能够让商家和直播间的流量不断增长和转化，形成循环。

基于兴趣电商模式，抖音直播平台形成了FACT模型（Field，商家自营阵地；Alliance，达人矩阵；Campaign，营销活动矩阵；Top-KOL，头部大V矩阵），实现了四大经营矩阵循环促进消费的良性发展。

FACT模型涉及的四大经营矩阵，包括日常经营领域的商家自营阵地，属于商家自播阵地，需要由商家完成品牌管控，挖掘关键运营节点，以便为其他经营矩阵提供优质内容。

达人矩阵，即由抖音达人主播形成的达人联盟。联盟与商家形成紧密合作关系，以达人自身直播间的流量为基础，以商家优质内容和产品为依托，形成彼此的合作，既能够扩充商家流量规模，也能够扩大主播直播间的流量规模。

营销活动矩阵，其主体是抖音直播，内容由商家提供，营销活动由达人牵头，从而实现平台、商家、主播的紧密合作，共同推动粉丝流量的增长和转化。

最后一个是头部大V矩阵。商家可以和明星、各种头部大V主播进行合作，达成具体的联盟，借助头部大V的超强粉丝影响力和带动力，营造出爆火的营销氛围，快速推动商家的品牌和产品突破原有粉丝圈，形成更加广阔的影响力。

其中，与主播息息相关的，就是达人矩阵。虽然FACT模型并不完全适合新人主播，但随着拥有自己独特的直播风格和直播个性，以及拥有基础的粉丝群体，主播就能够借助FACT模型加入达人矩阵，主播可以和商家在平台形成长久合作关系，在促进三方共赢的同时，也能够有效提高粉丝数量，并且能够借助营销活动矩阵快速形成流量转化。

"忠粉"大法：有了"铁粉"才有更高转化率

借助上面提到的各种拉新活动，你的直播间将会逐步积累一定的粉丝量，但此时的粉丝与其称为粉丝，不如称为用户，因为他们尚未真正转化为属于你的忠实粉丝，对你的直播间也尚且没有足够的忠诚度。

也就是说，此时你直播间中留存的粉丝，还未和你的直播间形成黏性，而想要实现直播间的快速发展，就必须借助对应的技巧和手法，增加粉丝对你直播间的黏性，推动普通的用户乃至路人转化为你的忠实粉丝或"铁粉"。只有你的直播间中拥有足够的铁粉，才能够实现最后的流量变现。

任何一个直播间想要长久运营和发展下去，都不是依托一种爆款产品或几种质高价廉的产品支撑起来的，而是依托作为主播的你自己支撑起来的。从直播间粉丝留存角度来说，就是粉丝之所以成为你的粉丝，最基本的不是你推荐的产品，而是你这个人被粉丝信任和认可。

因此，要想获得更多粉丝并提高忠粉的转化率，作为主播就需要学会运营你自己，通过塑造自身特征、风格、个性，并长久维系、始终如一，最终才能够获得更多"铁粉"的支持。

千万别让你的人设崩塌

作为主播运营自己的基础，就是要塑造一个容易让人记住，同时极具特色的人设，而且这个人设需要和你自己的经历、风格、状态相匹配，毕竟这个人设需要你不断去延续和运营。

很多时候，人设足够真实，也是一种吸引眼球的方式，而且你的人设需要放置到最显眼之处,主要有两种方法:一种就是将人设塑造好之后,用极为简短的话语放置在账号简介之中。另一种则是围绕你的人设,专门制作一些短视频,通过短视频来加强人设站位,这种动态宣传人设的方式,更容易吸引粉丝并获得粉丝认可。需要注意制作人设相关短视频,必须让短视频中你的状态、特点与简介中的人设完全一致。

而且,在你设定好自己的人设后,不论哪场直播,你都需要确保自己符合人设,尤其是一些特征、个性不能完全相悖,否则就将面临人设崩塌的问题,会严重影响你在直播行业的发展。

设计一个属于你的口头禅

很多时候,一个主播的人设虽然个性鲜明独具特色,但很难被粉丝感觉到,毕竟人设如果通过文字描述,或者用短视频衬托,只能是表面展示。基于此,你完全可以基于自己独特的人设,设计一个属于你的口头禅,形成一种独属于你自己的个性化语言。

细数一下网红直播,多数主播会有独属于自己的个性语言,当粉丝乃至非粉丝听到这种语言时,都会不自觉地想到这些主播,其实这就使得个性化语言成了独属于主播的一个标签。

这种个性化语言不仅能够让直播更具特色,而且也会在很大程度上吸引粉丝聚集。所以在直播过程中,作为主播完全可以设计一个独属于你自己的口头禅,并将其推广为你的标签,既能够显得个性十足、风格独特,又能够吸引粉丝,使粉丝将个性化语言和你联系到一起。

互关也能有效增加粉丝黏性

随着各种社交平台的发展与完善,平台上的功能和娱乐手段也在不断加强。直播行业自诞生以来,就形成了依托用户喜好进行自我选择和留存喜爱内容的功能,其中最具实用功能的就是直播平台账户上的关注。

当发现自己需求或喜爱的内容时,用户就可以对该账户进行关注,这样用户不仅能够及时看到该账户发布的内容，还能够随时寻找需要的内容进行复盘。

这种关注功能其实就是用户表达对某账号、某主播喜爱的一种方式，而且随着直播行业的快速发展，关注主播的用户，其实并没有要求主播进行互关。

在你的账号发展起来之前，粉丝较少，因此想要增加粉丝黏性时，完全可以在粉丝关注你的账号后，采取互关的方式，让粉丝知道你也在关注他。虽然这种互关的方式并不太适合主播账号拥有众多粉丝之后，但前期的这种互关行为，的确能够让粉丝感受到主播的重视，也自然就会增强粉丝的黏性，也更容易将普通粉丝转化为忠实粉丝。

引粉大法：技巧+痛点，一切为了粉丝

主播在了解了用户的不同痛点之后，通过运营能够推动"忠粉"的转化，但任何直播间都不可能一直吃老本，也就是说，作为主播还需要根据用户的痛点，运用一些必要的技巧来实现引粉，将公域流量池中庞大的粉丝基数引流到自己的直播间中，这就是技巧+痛点的引粉手段。

福利+痛点

借助福利来引粉，是一种非常常见也非常有效的增长粉丝的手段。尤其是在直播之前通过对于超值福利的宣传，能够有效吸引一大批粉丝关注和进入直播间。

通常情况下，这种带有福利的直播预告，是直播带货常用的手段，而且

广泛被一些特定式的直播带货所采用，比如，产品由厂家直接供应，因此没有中间商赚差价，产品价格远低于市场，此时再配合对应的福利预告，就将吸引一大批心动的粉丝前往。

带有福利的直播预告，可以用极具诱惑力的福利作为开篇，说明福利特性和数量，并简单阐述获取福利的规则，最后落实到直播内容方面，以便让粉丝知晓直播具体的内容为何。

整个直播预告需要能够快速让观众产生对直播的期待感，同时在福利的诱惑之下，有效刺激粉丝形成对直播的关注，而且既然是福利，就不能数量过大，需要在刺激到粉丝兴奋度的基础上，让粉丝有所期待并抱有稀缺感。

当然，需要注意带有福利的直播预告，必须和直播间的风格、特点、产品等进行关联，而且福利必须是能够让粉丝快速享受到的好处，同时福利要和直播间的期待粉丝痛点相匹配，以便能够广泛吸引能够留存且会形成黏性的忠实粉丝。

通常福利可以是各种粉丝群体需要的，但同时较为稀缺又极具诱惑力的产品，同时需要匹配诱惑力和带有悬念的直播内容介绍，这样能够让粉丝在渴望得到福利的同时，也会对直播内容和直播带货的产品抱有一定的期待感。

活动 + 痛点

在直播过程中，借助各种活动来吸引粉丝，同样是很多主播常用的引粉手段，而且借助活动吸引粉丝还可以细分为两种形式：一种形式是为了盘活老粉丝，同时借助老粉丝吸引新粉丝的手段；另一种形式则是借助对应的惊喜活动，促使公域流量池的粉丝被吸引，或主播之间粉丝流量池的互助引粉手段。

而且这两种活动形式，可以对应不同的粉丝痛点，如第一种通过盘活老粉丝吸引新粉丝的手段，比较适用于对某类产品具有较强黏性和长久需求的粉丝，如主播推荐的产品和直播的内容为特定的零食、服装、化妆品等实体消耗品。

因为这些符合粉丝的长久需求,所以能够使粉丝和直播间形成较大的黏性,正是因为这种较为固定的需求,也容易让这些老粉丝虽然非常稳定,但却已经不够活跃,尤其是在直播过程中互动也开始变得零星。

遇到这样的情况时,作为主播就可以使用盘活老粉丝吸引新粉丝的手段,最佳的活动就是邀请有礼活动,即推动老粉丝活跃起来,通过去邀请新粉丝来获取直播间中的优惠,如邀请即可享受直播间产品的五折优惠,或获得对应的礼品包,只要让老粉丝感受到切实的实惠即可。同时受邀进入直播间的新粉丝,也可以获得对应的礼物,以及各种对应的优惠。借助这种邀请有礼的活动,既能够盘活老粉丝,起到活跃粉丝的作用,也能够刺激老粉丝邀请新粉丝进入直播间,从而可以丰富主播的流量池。

在进行这种活动过程中,还需要注意两个问题。一个就是主播必须让老粉丝感受到足够的优惠力度,如前面提到的邀请成功获得直播间产品的五折优惠,就相当于老粉丝原本购买一件产品的投入,如今能够获得两份产品,而且这些产品又是常备之物,通常可以激发老粉丝的积极性。

另一个就是主播最好能够做到以较低的成本获得最大化的宣传效果。如前面提到的五折优惠,如果每一次活动都是这样的折扣礼包,肯定会在一定程度上挫伤老粉丝的积极性。针对这样的情况,你完全可以设置多种礼包,甚至可以采用多种礼包随机获取的方式,以便激发老粉丝的兴趣度和积极性。

而且,如果所有的老粉丝在成功邀请新粉丝后,所获得的礼包都一样,也有可能会挫伤一些积极性较高的粉丝,尤其是如果一位老粉丝邀请成功了多位新粉丝,却最终得到了与仅邀请一位新粉丝的老粉丝相同的礼包。最佳的处理手段,就是设置阶梯式奖励,即邀请成功越多,得到的优惠、礼包也就越多。这样的活动更容易激发粉丝之间的竞争意识,也更容易激起粉丝的参与兴趣。

除了面向老粉丝的礼包之外,作为主播也不能厚此薄彼,即同样需要设置针对新粉丝的礼包,以便回报新粉丝的留存和支持。

另一种借助惊喜活动来吸引粉丝的形式,则比较适用于不进行直播带货的主播,因为并没有进行直播带货,所以自然没有对应的实体产品式礼包,但相应地可以根据期望粉丝群体的需求，策划比较特殊的活动。

如可以和同类直播内容方向的主播进行 PK，在激发老粉丝进行支持的同时，也能够通过比赛展现直播个性和风格，从而吸引更多新粉丝。还可以与直播风格并不相同，但却能够形成互补的其他主播进行合作，或者邀请其他主播进入直播间，与粉丝形成互动，这样能够促使不同主播的粉丝流量池形成交融，而且能够吸引更多新粉丝关注。

热销品 + 痛点

随着电商行业的快速发展，近些年基于电商平台新开发了很多极具冲击力的购物节，既为顾客带去了优惠，又为电商平台和商家提供了打造热销产品的渠道。

比如，每年的"6·18""双十一""双十二"等购物节，都会不断刷新消费规模和产品销量。

其实在直播间中，同样可以借助热销品来促进粉丝数量的增长，以便吸引粉丝的加入和转化。但是打造热销品并非直接将产品预告进行展现即可，同样需要一定的技巧。

当你在进行直播带货时，直播间中的产品一般不会仅有一种，这时你可以选择其中极具亮点和卖点的产品，将其最具吸引力的部分放置到直播预告中，预告的内容必须能够吸引粉丝和用户的好奇心，并调动他们的积极性，如知名网红代言、电商平台热销限量品、爆款亮点产品等。即你需要通过足够的吸引力，来引起用户和粉丝的关注，同时这些亮点内容的展现，也需要基于恰当的粉丝痛点挖掘，以便让亮点能够和粉丝痛点相结合，从而吸引对应的粉丝群体。

第六章

运营的关键一步——会促销

　　直播间运营，粉丝运营是核心基础，而产品运营则是和后续流量变现息息相关的内容。产品运营之中还有极为关键的一步，那就是会促销。只有进行极具特色又能够激发粉丝热情、挖掘出粉丝潜在需求的促销手段，才能够让你的直播间更具吸引力，也才能够让直播间的粉丝黏性更强。

来吧，展示："相亲"全靠第一印象

想要进行促销，最首要的一步就是学会展示产品。产品的展示，其实就如同男女相亲，彼此之间的第一感受、第一印象是非常重要的。当然，直播过程中对产品进行展示和相亲有所不同，毕竟相亲过程中男女之间的了解必然极其有限，但产品展示时，则需要充分发挥主播的能力，对产品进行全方位的展现，这是进行促销的基础，也是产品运营非常关键的部分。

作为主播你得先认识产品

在直播间里进行产品的展示，可不是你把产品简单地呈现出来给粉丝们看看，解说下产品的构成、材料、功能就行的。真正的产品展示，基于你对产品的全方位了解，也就是说你作为一位展示者，得先认识产品。

这里的认识产品，主要包括两部分内容：一部分是掌握与产品相关的各种专业性内容；另一部分则是需要策划一套产品展示顺序。

· 把自己打造成专业人士

要展示产品，必须得将自己打造成产品相关的专业人士。这就要求你不仅需要熟悉产品构成、材料、功能，还需要明确产品的优势和劣势，对同类产品的竞争对手有足够了解，对产品相关领域的知识知之甚详，以便能够在直播间精准地回答粉丝们针对产品提出的各种专业性问题。

作为一位主播，既然要推荐产品，就必须了解清楚产品的卖点。而总结产品卖点之前，则必须对产品进行全方位的了解，尤其是产品的优势和劣势。需要注意的是，任何产品都不可能尽善尽美，其必然拥有一定的缺点，所以你的首要任务，就是在准备产品时仔细研究产品的优缺点。

产品的缺点，有些是由此类产品特定材质、使用特性所决定的，也就是说同类产品都具有这些缺点，比如，雪纺类材质所制作的服装，其本身就具有易勾丝的缺点，这是材料性质所造成的，没有任何同类产品能够避免。

有些则是产品自身的不足，比如，生产工艺不完善产生的产品瑕疵。

关于产品的缺点，主播完全可以和产品生产商进行沟通，或者查阅相关专业资料，也需要进行试用来感受产品缺点，这样才能够对产品本身的特性有足够的了解，也才能够明确产品的缺点到底是此类产品固有，还是该产品自身的不足。

了解了产品优缺点，下一步则需要你能够以此为基础，寻找既能弥补产品缺点又能凸显产品优势的方法，尤其是一些产品维护过程中的小技巧和避免缺点被放大的小技巧，都需要在直播之前了解清楚，并进行一定的尝试，以便能够在直播过程中将技巧分享给粉丝，让粉丝拥有弥补产品缺点的方法。

· **有了展示顺序才有了重点**

通常情况下，主播在直播间展示产品时，不太可能只有唯一的产品，一般需要进行对于多种产品的展示，产品品类、种类、受众不同，自然就需要主播在直播之前设计一套产品展示的顺序，以便借助产品展示的顺序把控直播间的直播节奏，同时也能够明确这些产品之中的重点。

在排序之前，主播需要对所有需要进行展示的产品进行详细分类，可以根据众多产品的特性，选择不同的分类方式。具体而言，可以按照产品功能、产品风格、受众群体特性、产品的品类分类等。

一般情况下，产品展示的顺序，可以按照季节排列，即按照春夏秋冬的不同特征来进行排序。不同的季节适用不同的产品，顺序明确又容易阐明产品的优势。通常此类排序方法，适用于服装、食品、化妆品等。

还可以按照产品的新旧程度来排序，通常比较适用于整个直播间的产品均来自同一品牌的情况。当需要展示的产品都来自同一品牌时，可以先介绍新品，以上新打折来吸引粉丝关注，而且通常新品都是产品展示的重点，所以需要主播将新品的特点、优劣、折扣程度等充分展现出来，以便借助新品引爆直播间的氛围。

在新品展示结束后，就可以轻易过渡到同一品牌的各种极为经典的产品，这些产品既然被冠以"经典"，自然经受了市场的考验，而且品质、口碑等都能够成为吸引粉丝的亮点。同时因为在展示新品时，已经详细介绍了品牌的优势，所以介绍经典产品时更容易让粉丝认可。

当同一品牌的经典产品展示完毕后，还可以顺势打出清仓产品，以品质好、价格极低为优势，但相应地在时尚度、造型、款式、尺寸等方面会有一些限制，如时尚度偏差、造型古朴、款式和尺寸不全等，但这类产品却非常适合追求实惠的粉丝，因此同样能够让粉丝感受到优惠力度和惊喜。

展示产品也有方法和技巧

在直播过程中进行产品展示，最终的目的自然是完成促销功效，刺激粉丝下单购买，而想要实现这样的目标，主播在展示产品的过程中，就必须借助一定的方法和技巧。

・展示产品也是沟通

虽然在直播过程中进行产品展示，是为了实现促销，但从本质上来看，产品的展示其实也是主播和粉丝的沟通过程。既然是沟通，就需要借助特殊的沟通技巧，最基本的就是你得说粉丝想听的以及粉丝想知道的。

一般情况下，粉丝不会喜欢干瘪的照本宣科的产品介绍。最佳的产品展示过程，可以从故事开始，不论是产品生产的故事、产品使用的故事，还是品牌的故事等，都更能够吸引粉丝的注意力和激发粉丝的兴趣。

在讲述故事的过程中，则可以将产品的成分、功效等进行细化的阐述，尤其是消费者愈加关注产品成分含量，着重表明产品的材料中丝毫不含对人体有害的物质等，将更容易引起粉丝的兴趣，也更容易激发粉丝的购买欲望。

而介绍产品功效时,则需要着力于粉丝的需求,不同的产品功效需要对应刺激粉丝不同的需求,这就需要主播一方面对产品了如指掌,另一方面还需要对直播间中粉丝群体的特性有深刻理解。

后续对产品进行独特的展示时,则需要将产品的设计理念、使用技巧、使用效果进行充分说明。

·充分展现产品的高性价比

展示产品最终目的是促成交易,而粉丝作为消费者,普遍渴求的就是高性价比的产品,因此在展示产品时必须将产品的高性价比特征充分展现。体现性价比的角度,主要包括产品的优势和优惠的力度。

主播不能仅仅对产品的优势进行阐述,最好能够结合产品的展示,进行细节的充分体现。俗话说:细节决定成败。产品质量的优劣,同样能够在细节层面充分体现,如对于产品的材质,完全可以将产品靠近镜头进行展现,结合对应的细节动作,让粉丝从细节领域感受到产品的优势。展现产品优势时,还可以结合主推产品与同类产品的对比,同时根据粉丝群体的内在需求特征,予以有针对性的优势分析和介绍。

优势介绍清楚后,则可以强调优惠的力度,包括原价、折扣、礼品、售后服务等各个方面,都可以有效刺激粉丝的购买欲望。

·对专业内容通俗化展示

有些时候,在展示产品的过程中,会有很多较为专业的内容出现,比如一些材质、特殊功效等,如果完全以专业名词和内容进行介绍,根本无法让粉丝感受到特点,如某类食品能够有效降低血脂等,这种专业性的内容根本无法展示。

这时就需要发挥主播的专业技能了,也就是需要主播学会对专业内容的通俗化展示,最好的技巧就是能够进行场景化描述,激发粉丝的想象力,从而快速让粉丝感受到专业性内容的特点和优势。

比如,某件服装新品运用了新型材料,不起褶皱、不易污、容易清洗,如果仅仅这样介绍,虽然有了专业化的内容,却根本无法激发粉丝的兴趣。

你可以直接打造一个场景：孩子一般非常活泼，爱动爱玩，衣服自然也脏得快还难洗，这件衣服使用了新材料，不伤孩子皮肤，而且不容易脏，孩子穿上去玩，原来两个小时可能就脏得没法看了，但这件至少能穿一天，而且洗也简单（此时可以配合进行展示，将直播间的衣服故意弄脏，放到盆中简单清洗，拎出来干净如新）。

通过这种场景化的描述，以及极为真实的展示，粉丝自然能够感受到衣服的特点和巨大优势。

· 产品展示得适可而止

在直播间内进行产品展示，千万不要一直介绍，否则好不容易激发起来的粉丝购买欲望就会逐渐消退，也就是说进行产品展示还得学会适可而止。那到底什么时候停止展示最合适呢？

这需要参考两个方面因素。一个就是有关产品的重点内容得说完，不能说了一半，粉丝还处在半知半解的状态就停止，那样容易出现粉丝还没产生足够兴趣，你就在中间停止了，自然无法形成火爆的购买氛围。

另一个就是当你的介绍激起粉丝的购买欲望之后，产品展示和介绍就需要适可而止了，尤其是很多产品的优势、功能，明明极具吸引力，只要适可而止引导粉丝购买后自己去探索和挖掘，就能够充分激发粉丝的购买欲望。但是你如果非得在直播间进行充分展示，没有留给粉丝一定的惊喜，这样粉丝的购买欲望就很容易出现消退。

精准促销：一促激起千层浪

在直播间对产品进行展示，只是基于产品层面的优势挖掘和对于粉丝兴趣的提高，要想让直播间的产品销量提高，甚至让产品能够不断受粉丝追捧以至供不应求，还需要主播能够在直播过程中进行精准促销，通过特殊的促销活动来激发粉丝们的购买激情。

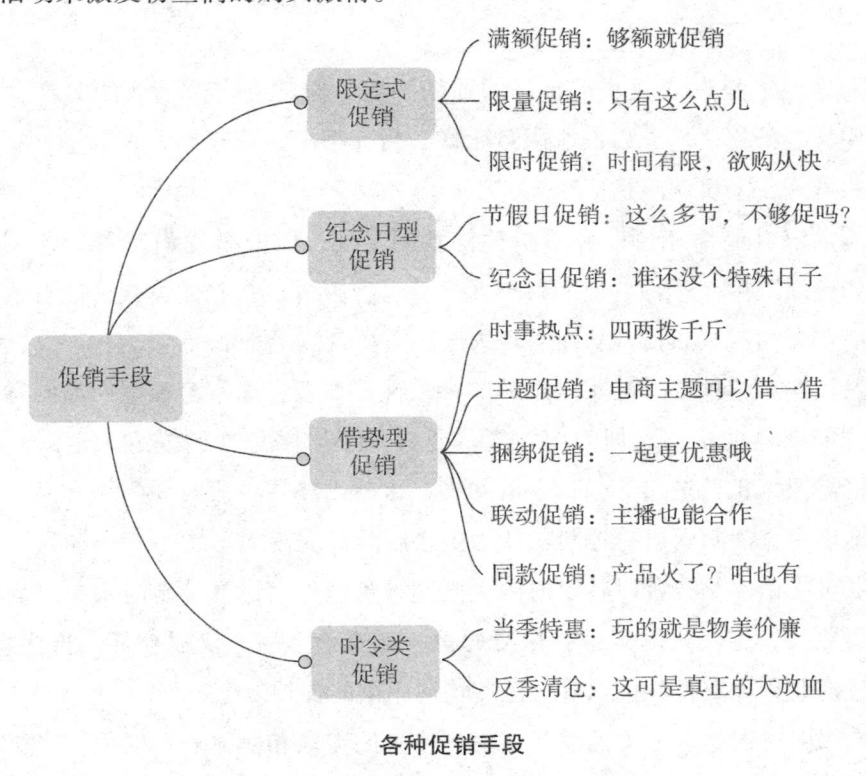

```
                    ┌─ 满额促销：够额就促销
          ┌─限定式─┼─ 限量促销：只有这点儿
          │  促销  └─ 限时促销：时间有限，欲购从快
          │
          │ 纪念日型 ┌─ 节假日促销：这么多节，不够促吗？
          ├─ 促销   └─ 纪念日促销：谁还没个特殊日子
促销手段 ─┤
          │         ┌─ 时事热点：四两拨千斤
          │         ├─ 主题促销：电商主题可以借一借
          ├─借势型 ─┼─ 捆绑促销：一起更优惠哦
          │  促销   ├─ 联动促销：主播也能合作
          │         └─ 同款促销：产品火了？咱也有
          │
          │ 时令类  ┌─ 当季特惠：玩的就是物美价廉
          └─ 促销  └─ 反季清仓：这可是真正的大放血
```

各种促销手段

限定式促销

限定式促销是一种产品销售领域极为常用的促销手段。通常是针对某个条件进行限制，只有满足特定条件才会获得优惠，以便刺激消费者尽量去满足条件的促销手段。比较常用的就是满额促销、限量促销、限时促销等。

满额促销就是达到一定销售额时就会出现打折或有赠品的促销方式，在很多电商平台经常会看到"满二百减二十""满三百赠工具"等信息，这种信息其实就属于满额促销的范畴。

主播在直播间中也可以经常采用这种促销手段。需要注意的是，满额促销不能只是满某个额度的促销，而应该是阶梯满额促销，如满千元减二百、满五百减一百五，主播可以根据直播间的产品特征和促销重点，来设置粉丝最容易认可和选择的满额促销套系，以便引导粉丝选择主播所规划的促销方式。

限量促销是直播间非常常见的促销手段，通常会在主播介绍完产品特性、优势、价格之后，以商家限量生产、售完下架，或仅剩库存数量、售完为止的方式，来实现限量促销。

通常限量促销还可以和打折销售共同出现，以便激发消费者的购买欲望，如产品限量一千件，前一百件九折。这种限量+折扣的方式，能够快速激发消费者的购买热情，从而实现火爆的直播带货场面。

限量促销的核心，其实是产品的稀缺性，消费者通常会根据产品的稀缺性来判断产品的价值。但需要注意的是，如果以限量促销模式来活跃直播间，就需要真正营造出产品稀缺的状态，也就需要在一段时间内该产品不能再次出现在直播间，以避免粉丝认为主播涉及过度营销。

限时促销则是一种以特定时限为限制条件的促销，在特定时限里产品的价格会更低，但超过时限就会恢复原价，如直播上新，仅限今日八折优惠；半小时内购买可获百元优惠等。这些均属于限时促销。

采用限时促销，一方面需要考虑到粉丝的需求和群体购买能力，以便在前期进行准备；另一方面则需要把控好具体的细节，尤其是时限。若产品供应量较大，又是直播间和商家首次合作，则可以采用一日限；如果产品数量有限，商家为了促销做出了短期承诺，则可以将时限明确为一到两小时，以便营造时间的紧迫感。

限时促销中还有一种较为独特的形式，那就是限时阶梯促销，如今日五折优惠，第二日八折优惠，第三日原价销售。这种阶梯式的限时促销，多数用于新品上架。需要注意的是，采用限时阶梯促销，一方面需要让消费者知道折扣的确会越来越低，从而会给予消费者一定的心理紧迫感；另一方面则必须匹配能够打消消费者顾虑的售后服务。

第六章　运营的关键一步——会促销

纪念日型促销

直播间进行产品促销，还可以采用纪念日型的促销，即在各种节假日、纪念日等，借助纪念价值来实行促销。

随着不断与国际接轨，如今各种各样的节日非常丰富。而在节假日时，消费者通常会有非常庞大的消费需求，因此直播间完全可以根据节假日的消费需求来推出纪念性节假日促销，如情人节、端午节、中秋节等节假日的纪念日型促销。

需要注意的是，这些广为人知的节假日，不同的平台、商家、直播间都可能进行对应的促销活动，因此要想抓住粉丝群体，就需要对应实施促销活动，如特定打折，同时还需要对配送紧张的现象提前予以说明，以避免各种问题出现。

除了节假日促销活动，直播间还可以根据各种纪念日推出促销活动，如为粉丝生日、结婚纪念日当天实施点对点促销，一方面能够带给消费者不一样的消费体验，另一方面也能够让粉丝感受到自己受到了主播的关注和尊重。

另外如直播间开启日期的促销活动，也非常具有纪念价值，不仅能够让很多老粉丝感觉到自己的陪伴有很强的纪念意义，也能够让新粉丝感受到直播间的底蕴和特点。

直播间还可以根据自身的风格和特点，制定特殊的促销周期，如每周日上新打折活动，每周三特价活动，这些都能够带动直播间实现精准促销，以便通过特定的周期性活动实现粉丝数量的增加和忠粉的转化。

需要注意的是，不论哪种促销活动，都需要提前予以告知，也就是说需要提前让粉丝群体知道某天会有促销活动。同时针对一些较为固定的促销日，需要提前将促销中的爆款产品优势、特点进行公布，让粉丝有一个简单的了解和心理预期。

当然，一些并不固定的纪念日促销，如生日促销、结婚纪念日促销，则需要在提前告知粉丝的基础上，不进行对于产品的广泛公布，而是在粉丝有所反馈的基础上提前进行准备，以便满足粉丝的心理需求。有些比较重要的纪念日，完全可以为粉丝个人定制产品，让粉丝感受到主播的心意。

借势型促销

借势型促销手段，其实就是借用各种热点时事或各种火热主题来实施促销的手段，不仅能够有效提高粉丝的积极性，还能够有效增加直播间的热度和活跃度，同时能够帮助直播间增加产品销量。

借势需要借助得恰到好处，就如同诸葛亮的草船借箭一般，主旨就是使用四两拨千斤的技法，用最小的成本获得最大的效果。比如借助各种热点时事实施促销，并不是直接将时事摆出来进行促销，而是需要根据时事挖掘出你的直播间中产品的促销节点，以此来实现多方的共赢。如根据娱乐类、赛事类的时事热点，策划与自身直播风格、推荐产品契合的促销活动，就能够有效提高直播间的活跃度，并有效提高产品的销量。

借势促销

有些主销生鲜水果的直播间，会根据水果产地的情况时不时实施促销活动。如果是水果产地因干旱或雨水较大，造成水果大批量滞留，主播就会借助自身直播间的粉丝流量，实施对应的促销活动，一方面能够帮助水果产地广泛销售滞留产品，另一方面也能够通过让利来扶持水果产地的果农，以便实现共赢——粉丝获得味道绝佳的水果，果农不会因为水果滞销而破产，自身的直播间热度则会一直高涨。

另外，借势型促销还可以借助各种电商平台已经非常成熟的主题，来实现自身直播间产品销量的激增，如京东有"6·18"购物节，淘宝则有"双十一"购物节，另外还有很多电商平台独有的购物促销日。作为主播同样可以借助电商行业热点来实施产品促销。

当然，作为主播一定要谨慎实施借势型促销，因为这种模式的促销活动借助的是时事热点等主题，运用得当能够让直播间知名度快速提高，销量激增，但若处理不当则很可能会造成巨大损失。所以在实施借势促销之前，一定要仔细分析热点与产品的关联性，同时还需要考虑到你的粉丝群体特性，即粉丝是否能够接受这类促销产品和活动，在做足准备之后再推动实施。

另外还有几种借势型促销，并没有上述几类借势促销的弊端，那就是捆绑式促销、联动促销和同款促销。

捆绑式促销是一种将主产品和副产品进行捆绑来销售的促销模式，其中主产品是对价值的体现，必须保质保量；而副产品则作为一种附加品，用以作为礼物或福利进行赠送。

其实捆绑式促销更适宜直播间促销，通过高质量的主产品支撑价值，即使整个产品包的价格稍高，但因为有副产品的补贴价值，所以能够让粉丝感觉到更加实惠。需要注意的是，捆绑式促销中捆绑的副产品，即使价值不高，但也必须极为实惠，而且最好能够和主产品搭配成型。超市中就常有这种捆绑促销，如方便面赠碗、大瓶主产品配小瓶新品。

联动促销也是直播间常用的一种促销手段，即两个不同类型的主播达成合作，当粉丝购买某个直播间的产品时，则能够获得另一个直播间赠送的产品，从而实现了两个直播间产品销量的共同增长，而且这种活动还能够加强两个直播间粉丝群体的交融和双向黏性。

当然，并不是任何两种主播都可以实现联动促销，最佳的模式就是精神和知识类产品与实体类产品进行联动，这样能够让粉丝在获得实体产品优惠的同时，又能够获得虚拟产品体验，反之亦然。

同款促销则类似于基于时事热点的促销，但模式并不太相同。同款促销通常基于某个火爆起来的娱乐作品，直播间中以娱乐作品中某个火爆人物使用的同款产品为卖点，并以优惠的价格和紧随火爆度的特征完成促销。

需要注意的是，同款促销一定要注意版权问题，如果是借助娱乐作品中人物使用的同款产品为卖点进行促销，一般不会涉及版权问题，但如果借助其他主播的特点，进行模仿式促销，就会涉及版权问题，会对直播间产生巨大的影响。

时令类促销

有些直播间的产品，具有很强的时令性，如服装、生鲜、化妆品，针对这些产品的时令特性，直播间就可以推出时令促销手段，如采用当季特惠促销、反季清仓促销，通常能够获得不错的促销效果。

当季特惠促销，通常是在产品使用季节即将结束，下一季产品即将上市的节点进行促销，如夏季服装，在夏末秋初时，一些夏季没有卖出的产品就可以采用当季特惠促销来清仓，通常这种产品促销商家也会着力配合，因为一方面当季促销能够有效腾出仓储空间，另一方面也能够减少产品滞留、获得回笼资金。

夏季促销

需要注意的是，主播推行当季特惠促销活动时，需要充分考虑到粉丝的诉求，即只有根据粉丝群体的特性和需求，通过满足粉丝需求来进行促销，才能够在不影响直播效果和直播间口碑的基础上，完成产品促销活动。

如一些大品牌服装，通常此类服装的消费者重视的是品牌性、时尚性、个性化，对于实惠的价格不会过分追求，因此此类产品一般不太适合进行特惠促销。

而对于一些日常平价产品，消费者追求的则是物美价廉、性价比高，对此类产品进行当季特惠促销，通常能够让粉丝以更低的价格购买到更优质的产品，自然会受到粉丝们的追捧。

反季清仓促销，则是通过反季产品在特定季节价格更加低廉，同时不会影响消费者的消费体验和使用需求，最终所形成的一种促销活动模式。最为常见的就是夏季反季清仓促销羽绒服。

通常反季清仓促销，最吸引消费者的就是更加实惠的价格，但产品的质量并没有下滑。在实施此类促销活动时，主播需要采用合理的降价标准，同时一定要确保产品的质量和售后服务，同时需要进行恰当的预热宣传，而且反季清仓促销宜少不宜多，不可长久持续。

激发购物：谁都渴望填满购物车

直播间的促销，促的是让粉丝能够源源不断将产品加入购物车，激发出粉丝的购物欲望。除了精准促销手段之外，想要激发出粉丝购物的欲望，就必须全方位地刺激粉丝下单，以便满足粉丝那双渴望填满购物车的手。

最佳的激发购物的促销手段，就是以粉丝需求为中心，以满足粉丝需求为基础，围绕产品实现肉眼可见的让利，从而吸引粉丝将心仪的产品加入自己的购物车。

围绕产品让利，刺激粉丝将产品"上车"

在进行直播带货的过程中，精准促销是对所有粉丝的吸引手段，而想要激发粉丝的购物欲望，推动粉丝将渴求的产品加入购物车，就可以采用以产品为中心实施让利的手段，让粉丝感受到更多优惠，从而情不自禁将产品加入自己的购物车中。

如果精准促销活动中已经有了优惠券，如满减优惠券，那么针对特定的产品还可以再发放特定优惠券，同时可以增加拉新领额外优惠券的活动，这样多种促销活动集中在一起，能够实现非常大的优惠力度，从而能够非常精准地让已经拥有购买意向的粉丝，购物欲望提升，将产品加入购物车中。

这种围绕产品发放优惠券的让利手段，需要主播能够精准投放，也就需要主播能够非常明确如何让自己的粉丝拥有强烈的购买欲望，同时需要引导粉丝明确他们渴求的产品就是你发放优惠券的产品。

另外，这种多重让利的促销模式，主播还可以针对自己直播间粉丝群体之中的忠实铁粉进行策划和使用。如通过粉丝社群分流出忠实铁粉，然后针对铁粉开设专场直播，以便给予忠实粉丝更多让利，也能够进一步增加忠实粉丝的黏性。

还可以采用直播当日爆款产品买一送一的让利方式。买一送一和产品五折最大的区别就是，五折促销时消费者购买的是一件产品，而买一送一则能够促使消费者直接购买两件产品，而且这两件产品并不一定完全一样，还可以是搭配式产品，类似于套装。

买一送一的让利方式，可以在精准促销的基础之上推行，这种让利能够有效挖掘潜在消费需求，即可以通过对于套装的推荐，来引导粉丝形成对配套产品的购买需求，而且可以在很大程度上拓展你的营销渠道，即能够将直播间中的经典产品和新品进行联系，从而形成良性循环。

其实这种买一送一的让利方式，就类似于赠品促销，但买一送一中的赠品价值又可能会和主打产品相当，所以会显得更加优惠。需要注意的是，采用买一送一让利，必须控制好自身的成本：一方面是所送产品的成本；另一方面是所送产品的包装和销售渠道，需要在精准控制成本的基础上推出。

这种让利手段是围绕产品推出的，而且能够让粉丝清晰感受到其中的优惠力度，所以是刺激粉丝形成购物欲望的重要手段之一。

围绕直播间发福利，增加粉丝黏性

围绕产品的让利，最基本的目的就是能够刺激粉丝将产品加入购物车，另外还可以围绕直播间状态来发放福利，最常见的手段就是在直播间进行抽奖。抽奖活动可以增加粉丝的黏性，同时能够加强直播间中主播与粉丝之间的互动。

抽奖活动的形式其实非常多样，如定期抽奖、问答抽免单。定期抽奖就是在较为固定的时间节点或直播过程节点，举办抽奖活动。通常这种抽奖能够很好地留存粉丝，促使粉丝能够在直播间中待更长时间。

抽奖活动所选用的产品需要以实惠高质为主，以便满足粉丝们追求的实际使用需求，而且需要注意的是，定期抽奖并不是简单地将产品送出去，而是需要有效制定抽奖规则，以便增加粉丝的黏性。

定期抽奖活动，一方面需要及时进行预告，以便粉丝能够了解抽奖形式和具体的抽奖产品和内容等，刺激粉丝对你的直播间产生关注和黏性。另一方面需要使用一定的小技巧，如不是每一次预告都必须将具体的抽奖时间公布，也就是说在直播过程中进行的抽奖，可以是根据粉丝状态选择的对应的时间节点，也可以是在点赞量、关注量达到某数字时就抽取一位或数位粉丝送出产品。

直播间抽奖活动

需要注意的是，定期抽奖活动需要你能够将直播间氛围带动起来之后进行，尤其是可以将参与力度和积极性等，与抽奖机会进行连带，以便激发粉丝的参与活力和期待。

问答抽免单其实就是在问答互动过程中，通过针对相关产品进行互动式问答并抽奖的一种活动方式，一方面能提高粉丝参与活动的积极性，另一方面也能够提高粉丝的参与体验，从而使粉丝对产品拥有更加深刻的了解和认识。

问答抽免单，是宣传和普及产品优势、卖点的绝佳机会，这就需要你能够将产品的核心优势进行总结和归纳，以便在直播过程中通过产品问答的方式予以普及，在让粉丝在了解产品优势的基础上，获得福利。

第七章

运营场，营销靠技巧

　　直播运营，是对粉丝进行运营，也就是针对粉丝的需求、特点进行营销。要想实现更具效果的运营，就需要拥有足够的营销技巧，这需要从营销核心、传播模式、直播内容质量几个角度进行强化和练习。

找准核心：用户 = 粉丝 = 流量 = 收益

直播运营的过程中，第一步自然是选择和制定好直播运营的主题，也可以说是每一场直播的主题。这既是直播运营的核心，也是挖掘直播运营底层逻辑本质的过程。

核心——从用户开始的一个递进过程

直播本就是主播面向广大粉丝群体，展示自我、展示产品、展现风格、表达内涵的一种形式。从整个直播行业的发展来看，不论哪种平台，其中的用户是最大的参与群体，主播其实也是用户。

从此角度来看，用户是最根本的营销对象。而对于主播而言，海量的平台用户之中，会有一部分进入你的直播间中，通过对你的直播风格、直播特点、直播内容的筛选和对比，最终留存在你的直播间中，对你进行关注、点赞、收藏，从而成为你的粉丝。

用户转变为你的粉丝，并不意味着你已经高枕无忧，你还需要通过对粉丝运营来实现粉丝的转化，即将你的粉丝，转化为能够为你带来各种曝光、增益的流量，也就是你需要通过营销技巧，将粉丝转化为流量，搭建属于你的流量池。

拥有流量池之后，以粉丝群体为核心的流量，还需要进行变现，最终才能够转化为属于你的收益。而且这份收益并非仅仅属于你，还需要兼顾粉丝、平台、商家等各个层面和领域，实现彼此的多方共赢，才能够最终完成你的运营过程。

从上述分析可以看到，直播行业整个运营的核心，其实就是用户，因为用户是你的粉丝群体的根基，你的粉丝群体则是你未来收益的基础，所以，在直播运营过程中，必须打造以用户为中心的直播主题、直播内容、直播方向，这样才能够在竞争激烈的直播行业逐渐占据一席之地。

明确方向才能看到未来——确立直播主题

虽然已经明白了整个直播领域的发展，是以用户为运营核心的，但是具体应该如何以该核心为基础实现运营，就需要从开端开始，明确一个好的方向，这样才能够拥有一个广阔的未来。即你需要挖掘和确立一个直播主题，并且该主题应当最适合你的直播间、你的个性和风格，能够广泛吸引平台用户，还可以源源不断地将用户转化为你的粉丝。

·从你的期望挖掘直播目的

在整个直播运营的过程中，直播主题必然千变万化，毕竟只有拥有丰富多彩的直播主题，才能够打造出多彩多姿的直播内容，也才能够源源不断地将用户转化为你的粉丝，并最终为你带来收益。

从整个直播行业的发展来看，你需要明确你进入直播行业的核心目的到底是什么。比如，若你本身就已经和商家进行合作，乃至你本身就是产品经营者，进行直播最核心的目的就是要提高销售量，那么你的整体发展方向就是直播带货，所以直播主题的方向也自然不能过分偏离直播带货，直播最根本的目的就是能够不断吸引用户购买你的产品。

比如，若你打算通过直播来提高自身的知名度、影响力、打造属于自己的品牌等，那么你的直播主题自然需要更加广阔和丰富，同时还需要主播能够对直播主题进行长久运营和改进，不断挖掘直播主题中的内涵和意义。

其实，当决定进入直播行业时，你自然就需要明确你的直播目的。通常直播目的主要为三类：一类是短期的运营，即通过直播来获取一定的收益；一类是长期的运营，需要确保直播体系的持久，并将直播作为职业进行发展和运作；还有一类则是知名度提升，即通过直播来扩大自身影响力。

这三类直播目的中，以长期运营最常见也最重要，因为这类直播需要通过直播平台持久地进行直播，并需要通过直播来不断获得稳定用户、将用户转化为粉丝，这就要求此类直播间，在确定直播主题时需要具有长久性特点。

长期运营的直播间，需要在策划直播主题时，一方面结合你的发展方向和期望，另一方面结合自身特点和产品特点，如通过直播来不断突出产品优势，或通过直播来给予用户更多的知识和技巧，每一次直播的主题都应该不偏离该方向，这样才能够不断吸引用户，并不断对用户进行转化。

·持久运营直播主题的确立

长期运营的直播是绝大多数主播选择的发展方向，因此我们以此为主来介绍该如何通过直播运营明确直播主题。

通常持久运营的直播间在进行直播主题确立时，需要以用户为中心，从用户需求角度出发确定方向，之后借助各种时事热点、产品特点、噱头打造来确立具体的直播主题。

直播主题的确立，首要原则是从用户需求角度出发，这就需要主播能够和用户打成一片，作为主播需要对用户拥有深刻了解，洞悉用户的情感、心理，所确立的直播主题，不仅需要能够和用户情感形成共鸣，还需要有效调动用户的情绪，甚至挖掘出用户的潜在需求。

想要对用户有深刻了解，洞悉用户的内心，主播可以采用用户调查、自主投票、用户参与等技巧，不断明确和挖掘用户需求。用户调查可以采用调查问卷的形式，通过问卷来分析和明确用户普遍喜爱的话题和内容主旨，根据这些话题和主旨来策划自己的直播主题。自主投票则是在直播间或平台，用多主题投票的方式，不断筛选和挖掘用户最喜爱的主题方向，然后以此为基础进行对于直播主题的细化和完善。用户参与，则是通过直播间或平台，引导用户自己来说出他们所喜爱的话题和内容，充分发挥用户的主动权。

经由上述技巧筛选出的直播主题方向必然更契合用户需要，但这时所筛选出的主题方向尚且没有经过润色，下一步则需要你结合时事热点或噱头打造出一个又一个能够引导用户参与其中的直播主题。

时事热点讲究的是时效性和话题热度，如果你想让主题方向结合时事热点，你就需要拥有非常敏锐的时事热点把控度，即能够快速抓住热点，及时将热点和主题方向进行融合。

围绕产品特点来策划直播主题，需要充分结合主播的风格和语言特色，而且要求主播在直播过程中能够处处与产品特色进行结合，包括动作、产品展示、场景打造等，在主题方向明确清晰的基础上，将产品和主题进行完美融合。

而噱头打造，则需要从多个角度出发，如借助用户对主播自身的关注点来制造噱头，如借助热点词汇来制造噱头，如借助爆炸新闻热点来制造噱头，或者寻找到用户容易形成共情或产生兴趣的噱头，让其和直播主题方向进行融合。

传播模式：适合你的才是最佳的

直播的运营，需要依托一个好的直播主题，只有拥有好的直播主题才能够吸引更多用户关注直播间。但想要让进入直播间的用户留存下来并转化为自己直播间的粉丝，则还需要一个最适合直播风格和直播个性的传播模式。

这里所说的传播模式，其实就是直播过程中所使用的传播渠道和传播方法，落地到直播过程，就是你直播的形式和特色。想要让进入直播间的用户留存下来并成为你的粉丝，打造适合的传播模式是必不可少的环节之一。

秀儿，是你吗？

在网络世界，有一句话成了赞叹特色、优秀和个性演绎的网络热梗——秀儿，是你吗？其实这句话来自影视剧的一个段落节点，同时"秀儿"和英语中的"show"的读音类似，而"show"有表演和展示的意思。

在直播过程中，同样有一种传播模式，就是基于直播间风格、主播自身进行个性化展示的一种类似秀场的模式。这种传播模式还可以根据不同特性进行细分。

如展示高颜值、高情商和高人气吸引力的颜值式直播。颜值式直播不仅仅依靠主播的高颜值，还需要主播拥有高情商和极具应变力的沟通技巧，也就是说，颜值式直播不仅需要主播拥有一定的颜值，同时还需要搭配恰当的服装，辅以完美的妆容，搭配适宜的行为，更关键的则是需要拥有极高的沟通能力和表现力，只有这样才能够带给用户宛如秀场的感受。

除了依托高颜值的颜值式直播外，还有依托自身和产品品牌已有口碑，所进行的发布会式直播。这种传播模式，最关键的一点在于多平台同步直播，同时需要针对不同用户群体特征和平台特征，匹配不同风格的宣传预热，这样才能够在多个平台同时进行直播时，广泛吸引不同平台的不同用户群体。

另外，发布会式直播通常需要借助产品的品牌宣传、主播的自身人气、极具亮点的新产品、模式新颖的直播内容等，促使直播间中形成高质量、高热度互动，以便调动粉丝的热情和兴趣。

还有一类则是以演绎为特色的"作秀"式直播。这里的作秀可不是单纯的耍活宝、卖人气，而是需要在直播之中完全摒弃掉销售的味道，且不能将直播核心定位为作秀，而是需要结合直播风格、主播个性、语言特色、才艺表演、兴趣点挖掘等，通过兴趣、才艺等激发粉丝的热情，之后再以特色的连接方式，将直播重点逐渐引入产品。

整个"作秀"式直播的核心是带给粉丝一场精彩的视觉和体验盛宴，而不是单纯地卖产品，只有直播内容和风格贴近粉丝的心理需求，才能够有效抓住粉丝并形成黏性。

限时，玩的就是技巧

直播最为主要的目的就是实现营销，而营销的核心就是激发出用户的购物欲望，这也是所有直播运营时主播需要深入思考的问题。在直播行业，有一种非常容易激发用户购物欲望的传播模式，那就是限时式直播。

顾名思义，这是一种通过抓取用户心理和激发用户欲望的营销战术——通过边直播边营销的方式，以特定的时间节点限制来激发用户心理需求。因为时间限制，很容易让用户感觉到"机不可失，时不再来"，从而引发用户的购物欲望，带动起用户的购物热情。

当然，限时式直播并非简单的单一以时间节点为刺激点的直播模式，而是需要运用多样化的直播方式，以用户的心理需求和特点为核心，选择恰当的时机来推出产品。

通常限时式直播需要穿插在整个直播过程中，通过主播带动气氛，之后在气氛高峰时对产品详尽地进行介绍，辅以一定的让利，再推出限时产品营销，因为这种模式下产品链接和价格会随着主播的直播流程和节奏发生变化，所以能够非常好地形成粉丝黏性，而且可以在很大程度上提高粉丝下单的概率，能够有效提高直播收益。

需要注意的是，采用限时式直播，不仅需要产品拥有较为丰富的底蕴，也需要主播必须确保产品高质量、高让利，还需要直播团队给予粉丝优质的售后服务，只有这样才能够在保持粉丝黏性的同时，增加普通粉丝转化为忠粉的概率，也有利于直播间的长久发展。

打造你的IP

进入网络时代，以IP打造为核心的IP营销已经成为非常火爆的一种营销模式，在直播领域其实IP式直播同样是一种拥有绝佳营销和传播效果的直播模式。

在直播领域打造IP营销，需要将直播和IP打造进行融合，由IP鼎力帮助直播，由直播来强化IP。打造IP，通俗来理解就是打造一系列的网络形象，这一系列的网络形象包括人物形象、风格特征、个性形象、品牌形象、包装效果、内涵底蕴等各个方面。

IP打造是一种源自意识形态的形象打造和管理，直播领域的IP打造，可以充分挖掘直播间风格、特色、内容和相关合作者。不仅各种人物、网红、名人可以成为IP，而且各种小说、虚拟角色、漫画、产品、品牌、特点等都可以成为IP。

打造IP的直播营销，其实就是借助IP的吸引力效应，在直播间有效吸引用户并使其转化为粉丝，引导粉丝向忠粉转化。

作为主播，完全可以从多个角度来实现IP打造，如可以和网红主播合作，可以借助自身风格才艺等，总结和归纳出一个极具个性特色的IP，借助IP的热度效应来激发直播间的氛围。

高质直播：内容为王得靠自己打造

直播运营不仅需要以用户为中心打造直播主题，之后选择最适宜直播间的传播模式，还需要一个最硬核的，那就是高质量的直播内容。直播主题是方向，直播传播模式则是呈现手段，而方向和呈现手段都需要基于对应的直播内容才能实现。

如今直播行业已经进入激烈竞争阶段，仅仅拥有一个打动用户的直播主题，以及一个适宜直播间的传播模式，只是找到了引爆直播间的渠道，而要想真正让这个渠道发挥作用，还必须有极具内涵和底蕴的内核，那就是高质量直播内容。

毕竟，前面的运营只是引导粉丝进入直播间，而真正让粉丝留存并转化为忠粉，则必须拥有质量足够高的直播内容，徒有其表的花瓶永远无法真正孕育出艳丽的花朵。

优质内容来自哪里

综合来看直播行业的所有直播内容，其来源通常有三个领域。

一个就是由明星、网红、名人等较为专业的流量运营者发布的内容，这些内容多数是利用专业人员的知名度、自身流量池、影响力等，来加强直播内容的专业程度。

另一个则是来自商业品牌围绕自身品牌所打造的直播内容。其最主要的内容方向是展示品牌的底蕴、内涵、价值观等，内容深刻而且意义非凡，通常会由商业品牌专业团队制作对应的内容，以便进行品牌宣传。

还有一个则是以主播为主体，由主播原创的内容为重点所制作的直播内容，通常由主播原创，以分享各种知识、技巧、心得、才艺为主的模式，也是最普遍、最常见的直播内容。

此处主要介绍以主播为主体进行原创内容分享的模式，当你决定入驻直播行业时，不论打造哪个方向的直播主题，具体的直播内容都需要满足以下几个方面，这样才能够形成优质的内容，以使直播间长久发展。

- "真"下去，才能打动粉丝

作为主播，在制作直播内容时，首要一点就是打造具备真实感的直播内容，通俗理解就是直播的内容需要足够接地气，能够让直播间的粉丝感受到真实感。这里的接地气并不是说所有直播内容都千篇一律，而是需要根据你的粉丝群体特征、需求和喜好，打造能够让粉丝感受到真实感的具体内容。

也就是说，打造具有真实感的直播内容，必须先研究清楚所打造的内容是不是用户渴望看到的，内容是否阐明了粉丝群体的痛点、需求，是否能够真正满足粉丝群体的需要。

具体的做法是，在制作直播内容时，作为主播要先把属于你的粉丝群体定位好，也就是明确你的直播内容针对哪些人。如果你的粉丝群体是中低收入的年轻群体，那么你的直播内容就必然不能和奢侈品相关，这是你的粉丝群体定位所决定的内容方向。

另外在策划和创作直播内容时，需要让内容与你的直播风格和个性相融合。也就是你的整个直播过程，不论是语言方式、行为状态，还是情绪内涵等，都必须让你的粉丝群体感受到真实，一切以粉丝群体的特征和需求为中心才能够展示出对应的真实感。

而且在直播过程中，切忌将目标定位到仅是销售产品，而是需要以粉丝群体的需求为核心，处处为粉丝着想。如粉丝定位是中低收入的年轻群体，那么你的直播内容、直播风格、直播表现，就都需要考虑到粉丝的接受度和承受力。

要想让直播内容更具真实感，你完全可以从情感着手，打造能够打动粉丝情感的情景，如直播内容和日常生活息息相关，那么在直播过程中就需要竭力打造和日常生活场景息息相关的话题，以便粉丝能够想象到自己在生活中的状态，遇到特定的问题时又该怎么去解决等，通过这样的场景化展示，让粉丝和产品实现无缝连接。

· 在"真"的基础上加点料

直播的内容足够真实，能够带给粉丝真实感，是打造优质直播内容的根基，但若能够在"真"的基础上加点料，则能够更轻松地挖掘和满足用户的需求。

不过需要注意的是，在"真"的基础上所加的料，必须属于增值内容，即能够真正让粉丝感受到实惠和实用的内容。在直播内容之中能够添加的最基本的料，就是陪伴你的粉丝、分享你的快乐、将你的知识和技巧分享给粉丝。

陪伴你的粉丝，其实是为了满足粉丝群体的精神需求，通过陪伴来暖化粉丝的心田，从而获得粉丝的黏性；分享你的快乐，则是通过你的演绎和表达，实现对自己的快乐等正面情绪的分享，让粉丝也感受到对应的情绪。

最为典型也最常见的增值内容，则是知识和技巧的分享，尤其是在直播带货过程中，你完全可以将自己对产品的见解、感悟、体验，使用产品时的技巧、手法等，毫无保留地分享给粉丝。

比如，作为游戏主播，完全可以将自己过关、打怪、PK时的技巧进行分享，让喜爱游戏的粉丝感受到"原来还可以这样做"，从而在获得惊喜感的同时，形成对主播的黏性。

又如，作为化妆品带货主播，则完全可以亲身试妆，通过亲自展示让粉丝感受到真实。同时在此过程中还可以分享自己在化妆和护肤过程之中的一些护肤技巧，从而让粉丝获得多样化的优质增值内容。

· "无边界内容"的出彩营销

"无边界的内容"其实是一种极具创意的内容营销方式，从根源上看就好像展现的整个内容中，甚至没有任何产品的身影，但是却能够表达出极具风格的理念和概念。

直播过程中的"无边界内容"，能够让粉丝获得极为深刻的印象，即便整个直播内容并未凸显产品，但直播内容所呈现出的理念和概念，却能够让粉丝真正感受到突破和创意，从而感受到深入人心的主题。

这种"无边界的内容"，因为通常不会涉及具体的产品相关内容，所以更容易被粉丝感受和接受。而且即便"无边界的内容"并不涉及具体产品，但是却能够让粉丝更深刻地感受到相关的内涵，从而对拥有此类内涵的产品产生更加强烈的购买欲望。

好马还得配好鞍

进行高质量的直播，仅仅挖掘出好的直播内容还尚且有所不足，毕竟"酒香也怕巷子深"。想要让好的内容能够在直播过程中得到鲜亮展示，就需要对好的内容恰当地进行修饰、润色，以便将直播内容的内涵、意义完全展示出来，这也是所谓的"好马配好鞍"。

直播内容的立意、方向、亮点等，最终都需要在直播间通过主播的演绎呈现出自身的商业价值，这就要求主播能够学会对直播的内容进行有效包装，以便带给直播更多曝光机会。

直播内容的包装方面，可以通过将内容核心和直播风格、社会时事热点、热门词汇等进行融合，借助特定的渠道来提高内容的知名度。

如作为美食主播，完全可以在展现直播内容时，与食品安全、添加剂危害等社会大众极为关注的事件融合，通过展示如何获得更加安全的食品，分享分辨有害添加剂的知识等，来使美食内容拥有更高的热度和知名度，这样优质的内容不仅能够辅助树立主播的形象，同时能够提升直播间内产品的销售热度。

另外，想要对直播内容进行包装，还可以在展现内容的过程中融入主播的独特创意，而且这种创意完全可以灵活处理。如知识普及类直播间，直播内容通常会和知识分享相关，虽然从传统角度来看，知识的分享通常较为枯燥，但在网络时代，作为主播完全可以将自身的特定风格融入，可以采用幽默式呈现、绑定社会时事话题、贴近日常生活、融合生活哲理、加强人文情怀、引导用户思考等手段，来提高直播内容的趣味性。

这些创意能够让直播内容更具曝光潜力，也更容易让优质的直播内容发光发热，为用户所青睐和运用。

而且随着科学技术的不断提高，在展现直播内容时，还可以创新性地融入各种技术手段来提升内容展现效果，如可以借助VR技术、AR技术、3D技术、全息成像技术，呈现出更加丰富多彩的沉浸式、真实化直播内容，从而在有效提高用户的视觉体验的同时增强用户的黏性。

第八章

直播带货，成交才能变现

在直播领域，获取足够的粉丝、打造优质的内容、分享粉丝渴求的知识、传播主播自身的思想，其实都是将粉丝转化为忠粉，并最终能够在直播间获得收益。而直播带货则是直播行业之中获取收益的最直白的方式。

其实不论哪个直播平台，最终的核心目的都是达成交易。尤其从直播带货来看，只有成交，才能够将粉丝流量进行变现，也才能够获取收益。

摆正态度：带的不是货，解决粉丝的问题才是目的

虽然直播带货最终的目的是达成交易，但在入驻直播行业之时，作为主播就必须摆正自己的态度，那就是你带的并不是货，而是帮助粉丝去解决他们的问题，以便满足粉丝的需求。

态度之源：捋顺直播的本质流程

虽然不同的主播，会进入不同的直播平台，也会拥有属于自己的独特直播风格和直播个性，同时会创作独属于自己的直播内容，但是所有的直播模式都需要遵循一定的本质流程。

直播的本质流程，第一步就是要明确"我是谁"，也就是你作为一名主播，需要在直播之前就明确地知道，到底需要将自己定位成"谁"。这里的定位，一方面是主播需要展示给粉丝的到底是"谁"，另一方面则是从粉丝角度来分析，你作为主播到底想给予粉丝哪些东西。这种身份确认，主播在入驻直播行业之前就必须洞悉。

第二步则需要明白，粉丝为什么会看你直播，你有什么资本展现给粉丝。在直播间中，数个小时的时间里，主播最需要做的就是能够让进入直播间的粉丝留存，而想要留存粉丝就必须想明白为什么粉丝会看你的直播。

这需要从粉丝的角度进行思考，比如将自己定位成一位粉丝，感受一下其他直播间为什么能留存住粉丝。一段时间后就会发现，作为主播只有能够带给粉丝一定的价值，即满足粉丝的某些需求，带给粉丝某些他们所渴求的

东西，粉丝才会留存。

这就要求你能够在明晰"我是谁"的基础上，探寻以此为定位，能够带给哪个粉丝群体哪些价值，至少需要让你的目标粉丝群体，清晰地感受到有所收获，只有这样才能够留存粉丝，也才能使流量变现。

在挖掘出粉丝为何要看你直播之后，你还必须以此为基础，细化和深化你的定位，也就是要思考"你有何资本展现给粉丝"。如你定位自己为美食主播，那么你就需要从你制作美食的经历、品尝美食的能力、挖掘和创新美食的底蕴方面着手，包括但不限于你曾经为一名厨师，或者是食疗界达人，或者是营养学专业人士等。

第三步就是要明确你要在直播过程中讲些什么，这些内容能为粉丝带来何种价值。也就是说在直播之前，作为主播就必须清楚你讲的内容是不是符合目标粉丝群体的需求，能不能为粉丝带来价值。

这是一个明确直播方向并聚焦直播主题的过程，也是必不可少的一个过程。要想明确你在直播中讲什么，就必须洞悉粉丝来你的直播间到底基于什么目标，如粉丝进入知识类直播间，目标自然是获取相关领域的知识，如粉丝进入美食类直播间，目标可能是满足自己制作美食的目的。

这就需要主播能够聚焦自己擅长的领域，做专做精，以便输出粉丝渴求的内容。同时需要通过思考这些内容能够对粉丝产生哪些价值，来为粉丝提供好处。从粉丝角度来看，他们进入直播间，必然是渴望有所获得，所以作为主播，必须基于你的直播内容领域，展现独特的风格和特点，以便带给粉丝特定的好处或额外的收获，这样的模式才有利于粉丝留存并转化为忠粉。

第四步是需要主播通过直播，获取粉丝对你的信任。毕竟只有粉丝对你形成信任才会实现后续的流量变现。而获取信任最基本的要求，就是真诚和真实。

主播要在直播过程中，运用各种方式，证明你所讲述的、推荐的内容都是真实的，当然，也必然不是完美的。

在通过真诚和真实，获取粉丝的信任之后，主播自然而然就需要借助特定的技巧来推动粉丝流量变现，这就需要主播学会对应的成交心理、促交技巧等，如最为常见的就是在直播间中营造紧迫感，以便促使粉丝感受到机不可失的紧迫，从而快速决定后快速成交。

第五步也就是最后一步，则需要主播能够在获取粉丝的信任后，教会粉丝交易时具体的操作步骤和操作流程，只有明确又简洁地进行宣讲，才能够让直播间轻松达成流量变现目标。

转变态度：万事以粉丝为中心

在直播过程中，尤其是在直播带货的过程中，你作为主播可不是单纯地推荐和宣讲产品，即便是知识类主播也不是简单地将知识普及和阐述之后即可高枕无忧。

要想让粉丝在你的直播间中获得渴求的价值，你就需要悄然转变自己的态度，必须明确你不是一个带货者，而是一个服务于粉丝、帮助粉丝解决问题的朋友，万事都应该以粉丝为中心，以便让粉丝拥有最佳的直播收看体验。

也就是说，在你的直播间中，不论是你推荐产品，还是你的风格与话术，都应该以粉丝为中心，秉承为粉丝解决实际问题为己任的原则。这就要求你在直播过程中，能够尽力回答粉丝所提出的各种与他们息息相关的问题，尤其是一些和直播主题挂钩的问题，一定要站在专业角度，尽全力帮助粉丝解决。

其实用户会留存在直播间并成为你的粉丝，就已经非常明确地表明了粉丝是认同你的价值观、理念的。正是这份认同，推动着粉丝形成了对你的信任。

为了能够匹配这份信任，你就必须发挥出在直播主题相关领域内自己的专业性，而表现专业能力的方式，最简单的就是帮助粉丝解决对应的专业问题。

主播的专业性，也可以在直播过程中，通过场景化展示、调整说话技巧来呈现，即通过对应的话术、场景，让粉丝能够清晰地感受到对应的情景，并激发粉丝的想象力和联想空间，真正满足粉丝需求，这样才能够激发出粉丝的黏性，并推动后续的流量变现。

当然，这种直播过程中的专业性，需要主播在日常生活中能够不断进行积累，同时需要在粉丝提出极为专业的问题，自身却难以快速回答时，及时借助话术稳住粉丝，并在直播结束后快速寻找解决问题的方法，以便在下一次直播时能够将粉丝的问题解决，这样不仅能够有助于主播在专业领域的水平愈加精湛，也能够让粉丝感受到主播对粉丝的关注和重视。

消除顾虑：你得知道粉丝付款前为什么纠结

在直播带货过程中，有时明明粉丝对产品已经非常动心，但是却迟迟不下单不付款，也就是粉丝依旧纠结，这时就需要你能够针对不同粉丝的不同纠结心理，及时借助技巧消除粉丝的顾虑，以便促使粉丝不再纠结，心满意足下单付款。

在直播带货过程中，你通过专业化引导和真心实意，本来已经获得了粉丝的信任，但依旧会有一大批粉丝并未决定下单购买产品，其中粉丝最常见的顾虑有以下几种，作为主播需要针对不同的粉丝顾虑，使用针对性技巧来消除。

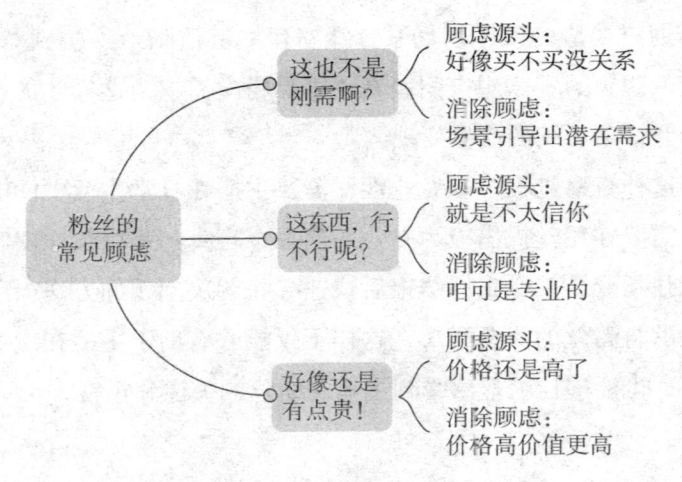

```
                            ┌─ 这也不是 ─┬─ 顾虑源头：
                            │  刚需啊？  │  好像买不买没关系
                            │            │
                            │            └─ 消除顾虑：
                            │               场景引导出潜在需求
                            │
              ┌─ 粉丝的 ────┼─ 这东西，行 ─┬─ 顾虑源头：
              │ 常见顾虑    │  不行呢？    │  就是不太信你
                            │              │
                            │              └─ 消除顾虑：
                            │                 咱可是专业的
                            │
                            └─ 好像还是 ─┬─ 顾虑源头：
                               有点贵！  │  价格还是高了
                                         │
                                         └─ 消除顾虑：
                                            价格高价值更高
```

消除粉丝的常见顾虑

非刚需？——场景引导潜在需求

有时候，粉丝虽然对直播内容非常认可，对主播也足够信任，但是从粉丝角度来看，主播所推荐的这些产品，在他们的眼中并不是日常生活的刚需，或者说粉丝会顾虑这些产品是不是自己的刚需。这时就需要主播能够借助极具生活气息的场景，来引导出粉丝的潜在需求，辅助粉丝下定决心。

之所以需要主播营造极具生活气息的场景，是因为很多时候单纯的语言描述，无法让消费者感受到这个产品在日常生活中的重要性乃至实用价值，尤其是一些大众日常使用较少的产品，即使借助主播的阐述，粉丝对产品有了基本的认知，但因为并未真正使用，所以根本无法感知其实用性。

此时就需要主播能够营造一个非常生活化的场景，以通俗易懂且极易想象的情景，激发粉丝的想象力，从而让粉丝感知到自己对于这些产品的确有一定的需求。

也就是说，很多时候粉丝其实并不一定清楚这些产品也是自己生活中的刚需产品，尤其是一些本就面向大众的日常产品，只是因为粉丝并不习惯使用或并未使用过，所以根本无法联想到这些也是日常所需。

比如，大众日常生活之中，并不习惯用牙线剔牙，而是更习惯使用竹制的牙签。因此若牙线是直播间中的产品，可能就很难激发出粉丝的购买欲望，因为他们会认为这类产品并不是自己的刚需。

但是如果在直播过程中营造一个生活小场景：当家中有孩子时，因为家长会使用牙签，所以喜欢模仿的孩子们也会对牙签产生极大的好奇和兴趣，但牙签两端（或一端）通常非常尖锐，一不小心孩子就会刺伤自己。

这种小场景重现，能够自然而然让粉丝感觉到，该产品并非不是自己的刚需，而是因为生活习惯导致认为不需要，但从孩子成长角度来看，明显牙线比牙签更加安全一点，这种联想自然会推动粉丝感觉对牙线有所需求，从而打消自己的"非刚需"感受，甚至从自己的角度挖掘出潜在需求，最终形成情感上的共鸣并进行购买。

信任疑虑？——展现你的专业度

除了在一部分粉丝眼中直播间的产品并非自己刚需之外，还有一种可能就是直播过程中，粉丝对产品的真实性和效果有一定的疑虑，其实这属于尚未完全获取粉丝信任的一种现象。这就需要作为主播的你，能够在直播过程中展现出你的专业度，从粉丝角度着手，逐步打消粉丝的疑虑。

在直播过程中你的专业度，不仅体现在你在相关产品、直播主题领域的专业性方面，还体现在你直播过程中作为主播的专业性方面。即在直播间你不仅需要能够从专业角度为粉丝解决问题，如展现你的使用技巧、专业解答粉丝的相关问题、专业指导粉丝的相关技巧，还需要能够通过直播带给粉丝附加价值。

尤其是一些现场就能够展示功效的产品，不论是在专业解读之前还是在专业解读之后，最好能够结合现场试用来呈现产品的具体功效，以此来让粉丝真切感受产品功效是否与解读匹配。

而对于一些无法在直播过程中快速展示功效的产品，如一些需要时间的累积才能形成功效的产品，作为主播最好能够在进行该产品直播带货之前，提前进行试用，甚至可以通过记录来直接展示给粉丝，这种先天下而为之的做法，更显得你关爱粉丝。

而且你完全可以将自己在长期试用产品的过程中出现的经历和感受，在直播间中进行讲解，比如一些在试用过程中所走的弯路、总结出的一些小技巧，尤其是能够让产品功效更加凸显的技巧，都可以在直播过程中毫不吝啬地转述给粉丝。

这种试用后表达真实感受，以亲身经历展现效果的做法，不仅显得你极为专业，而且也能够让粉丝感受到你为粉丝着想的内在心态，从而也更容易获得粉丝的信任，最终在你的展示过程中，粉丝则会自然而然打消疑虑，完成产品交易。

价格未达预期？——突出它的价值

在直播过程中，还有一部分粉丝会因为产品的价格未达到自身预期，所以会犹豫是否下单购买。通俗来说就是粉丝感觉产品价格偏高，产生"值不值"的疑惑，从而出现犹豫行为。

既然粉丝对产品到底值不值得购买产生了疑惑，那么作为主播自然需要从产品价值角度去打消粉丝的疑虑，也就是要通过凸显产品的价值，来让粉丝感受到物有所值。

当然，需要注意的是这种对比必须在产品质量、效果和福利等多个角度不落下风时使用，也就是一定要确保所推荐的产品的质量等与对比的产品相当乃至更好，这样通过对比才会让粉丝感受到物有所值，甚至能够用更低的价格，购买到质量和效果更好的产品。

有时候粉丝感觉产品价格较高，可能是因为产品的价格和其他同类产品的价格并不占据优势，也就是所推荐的产品在同类产品中价格其实是相当的状态，而在粉丝眼中就是有些偏高了。

这时作为主播就需要从产品的性价比角度着手，凸显出你所推荐的产品的溢出性价值，如产品的质量更好、售后更有保证、效果更加明显，让粉丝能够清晰地感受到产品性价比的确更高。

在同样的价格区间，性价比更高的产品，自然能够获得更多粉丝的青睐，也更容易打消粉丝的疑虑。当然，这和主播的产品展示能力也有很大关系，作为主播一定要学会将产品的核心优势凸显，而且最好能够和同类产品进行清晰对比。

另外，有时直播间中的产品，可能对比大部分同类产品价格会更高，也就是说很可能会在价格领域并不占据绝对优势，此时就需要主播能够从产品的质量、工艺、服务等各个层面，展示出碾压其他同类产品的效果，也能够快速让粉丝明白，之所以直播间产品的价格比大部分同类产品要高，就是因为直播间中的产品更值得，更具性价比。

要凸显产品更高的价值，以便呈现产品虽然价格偏高但物有所值，最佳的做法就是在直播过程中，通过拆分法进行一一对应的讲解和对比，从生产创意、工艺流程、产品功效、产品材料、产品质量、使用年限、售后服务等各个层面，去和同类产品进行拆分式对比，最终体现出物有所值，这样粉丝自然会认可直播间产品的价格。

引导成交：引导不能只靠嘴，得靠方法

当在直播过程之中，粉丝已经对你形成了信任，并且也期望获得你所推荐的产品，这时作为主播一定要抓住机会引导粉丝实现成交，但是引导粉丝可不能只靠嘴，还需要借助一定的方法和技巧。

用价格惹粉丝心动

任何产品，能够吸引顾客并推动其下单购买的因素，除了产品本身的质量、顾客的自身需求之外，就是产品最终的售卖价格。在直播间中同样如此。产品的价格是一项非常重要的吸引粉丝下单购买的因素，因此主播在直播带货的过程中，必须学会基于价格因素的一些技巧，以便引导粉丝购买产品。

·基本技巧——锚点价格报价法

锚点价格通俗来理解，就是一个能够与报价形成对比，并且能够非常明确地让顾客感受到报价实惠性的价格，锚点价格报价法是一种能够达成极为明显的引导成交的报价技巧。

当然，前提是需要你在报价时，先设定一个锚点价格，类似于不同的商家会推出一套系的产品，而其中的不同产品报价却会自然而然引导顾客进行对比，从而引导顾客感觉其中某产品的价格更合适也更实惠。

比如，一些旅游景点会推出特定的旅游季卡或年卡，但却会将真正期望销售的季卡或年卡隐藏其中。以年卡为例，可能会推出多种形式，如一种是售价最低仅有1099元的年卡，指定周六日可游玩；一种是售价中等的1599元年卡，指定随意四天工作日和周日可游玩；一种是售价高的2499元年卡，全年任何时间均可游玩。

当顾客看到这三种年卡的报价后，会自然而然地进行对比，从而感受到售价中等的年卡最实惠也最实用，从而进行购买。其实这种锚点价格的方式，正是商家在刻意引导，让顾客选择最实惠的，同时商家最期望销售的产品。

在直播间中进行报价时，同样应该如此，最常见的就是以原价和售价的方式进行锚点价格对比，从而引导粉丝购买更加实惠的产品。这种锚点价格报价方式，能够让粉丝感受到真切的实惠和更高的性价比，相当于引导粉丝将心中那杆秤自然而然地拿出来评判。

锚点价格能够给予粉丝一个对比的依据，从而能够潜移默化中引导粉丝自发去思考和分析，不仅能够调动粉丝的参与兴趣，而且能够有效引导粉丝感受到机会，从而激发出购物热情。

· **学会抛诱饵——平价替代品**

一般情况下，直播间中的产品会有较大的价格优势，在这种优势衬托下，辅以锚点价格的引导手法，能够让粉丝感受到真切的实惠。但有时直播间中的产品不一定拥有价格优势，也就是说这些产品可能在与同类产品比较时没有足够的价格优势，虽然质量可能更好、效果可能更出彩，但依旧容易让粉丝感受到性价比不足。

此时就可以采用抛诱饵的方式，抛出一个诱饵产品来实现对比，呈现出产品独特之处。最常见的就是将产品和同类大品牌产品进行对比，同类大品牌产品一般价格会更高，而且这部分价格属于品牌溢价，对于大部分粉丝而言，其实并不具备特定的意义。

所以在直播间中，你完全可以将自己的产品定位为同类大品牌产品的平价替代品。

若采用这种引导方式，前提是主播不仅需要对产品的亮点、卖点极为了解，而且需要对同类大品牌产品的优势和特点了如指掌，同时还需要对粉丝群体的心态和需求极为熟知，这样才能够在介绍产品的过程中，让粉丝感受到产品的独特魅力和巨大优势。

之后再与同类大品牌产品进行对比，就能够让粉丝感受到实惠，即能够以远远低于品牌产品的价格，获得质量、效果等不低于品牌产品的产品，也就是说，直播间产品完全可以作为大品牌的平价替代品。

当然，此过程中主播必须确保对产品的介绍和推荐，完全符合事实，既然说质量效果不低于品牌产品，就必须亲自试用并明确可以达到，只有这样才能够让粉丝购买平价替代品后，进一步增加对直播间的黏性。

· **底价别那么快暴露**

在直播带货的过程中，作为主播还需要掌握一个重要的技巧，那就是产品最终的底价，千万不能过早暴露。从整个直播过程来看，一般直播会持续一定的时长，在某一个时间段会集中推荐某产品，如果在这个时间段的开端就将产品的底价暴露出来，很容易让粉丝感觉后续的所有介绍都画蛇添足，甚至是在说服他们去购买产品。

如果过早暴露底价，直播间的节奏主权就相当于被粉丝掌控，非常容易拉低直播效果，甚至会影响直播带货过程中的最终收益。

因此在直播带货的过程中，一定要先展现产品的价值，只有在让粉丝对产品拥有一个非常清楚的了解后，才能进行报价。

而且报价的过程不能一下就到底，而是应该明言你作为主播做出的贡献，包括让利、打折、活动、商家被说服等，各个方面的内容展现出来之后，让粉丝感受到产品价格的一个变化，最终再报出底价，以便激发粉丝的购买欲望。

通过这种一层层推动，与粉丝不断互动的过程来逐步展示底价，不仅能够让粉丝感受到产品的具体优势，而且能够加强粉丝的参与感，有效提高直播间的互动效果，自然也就能够形成更加活跃的直播氛围，持续下去自然能够辅助产品销售。

这些技巧不能不知

在直播带货过程中，除了报价的技巧之外，还有很多其他的技巧能够引导粉丝打消疑虑从而促成交易，比如，最常见的就是前面已经提到过的限时优惠，即通过限时的打折促销手段，来让粉丝感受到紧迫感，从而更快下定交易决心，除此之外还有很多其他的使用技巧，主播可根据自身直播间的风格和特点，选择合适的技巧引导粉丝。

·巧借从众心理

人作为一种群居性生物，在很多时候会产生一定的从众心理，也就是人在很多时候所作出的决策和决定，会受到大众和某些特定群体的影响。这种从众心理在一定的条件下，能够辅助直播间促成交易。

在直播过程中，如果粉丝有了购买欲望，但却依旧有所顾虑时，比如，无法下定决心购买，这时作为主播就可以巧妙借助从众心理来引导粉丝打消这些顾虑从而下定决心购买。

但这种借助从众心理的技巧，并不是简单地在直播间展示购买量，而是需要根据不同的粉丝心理和类型巧妙使用。如可以从产品在上市后短短几个月就已经成为销冠，并且每个月乃至每天都已经达到了一个很大的销售数量，用具体的数字激发出粉丝的从众心理。

如果粉丝依旧存在顾虑，稍显犹豫，主播还可以从身边人着手，告知粉丝自己或自己的家人、朋友等也在使用该产品，效果不错而且非常实惠。这种极具场景化的描述，更容易激发粉丝的从众心理。

当然，在巧借从众心理时，作为主播所阐述的内容必须属实，这样才能够让粉丝购买产品后，依旧感受到真实，从而对直播间产生更强的黏性。

·假设有时候很有效

从心理学角度来看，很多时候一定的假设，能够推动人的心理期望转变，甚至会逐渐引导人向这种假设的预期去发展和变化，也就宛如一种心理暗示式的引导。

其实在直播带货过程中，作为主播也可以采用假设技巧，即假设粉丝已经决定购买产品，乃至已经购买了产品，通过这种假设手法，主播也能够引导粉丝的心理状态向购买产品的方向靠拢，从而能够极大增加带货效果。

当然，这种假设不是直接说出来的，而是需要特定的技巧来引导，如你可以在内心假定粉丝决定购买或已经购买产品，并以选择产品和购买产品的态度去引导粉丝，最常用的就是提问和告知。

比如，在介绍完产品之后，直接问粉丝要选择哪种，喜欢哪个颜色、哪个款式等。这种提问其实就已经假设了粉丝决定要选择和购买。也可以直接告知粉丝，这款产品有超长质保，能够在超长时间内包退换等。

还可以直接从产品着手，用引导性的语言假设已经有很多人购买，如让粉丝报出自己的尺码进行预留。

这种假设引导技巧，需要主播在已经发现粉丝明确的购买意向时，才能够进行使用，否则还未曾激发出粉丝的购物欲望，就使用假设法，很容易带给粉丝很强的成交压力，甚至会使粉丝放弃下单。

· 预付定金享优惠

在直播带货过程中，有一些产品通常带有很强的预售性质，尤其是一些生鲜类产品，如水果、蔬菜。还有一些商家推出的新品，因生产工艺还未完善所以生产力有限，通常也会采用预售的方式。

这类产品在直播过程中采用预售的方式，可能在直播过程中主播已经有效激发了粉丝的购买欲望，但是却因为采用的预售方式，并无成品在线上呈现，在经过中间的成熟或生产环节后，在正式售卖时，销售效果却可能会不尽如人意。

其实直播带货过程中，当直播间的产品必须以预售方式进行市场开拓时，主播就可以采用预付订金来获取名额，同时给予对应让利或折扣的方式，来激发粉丝的购买欲望。

当粉丝预付订金后，通常不会让订金损失，同时这些产品又是自己期望得到的产品，所以更容易持久保持粉丝的购买欲望，粉丝也会更顺畅地付尾款。

当然，主播需要注意的是，当采用预付订金的方式进行产品预售时，一定要保证产品正式售卖时，不论是质量还是效果，都与预售时所说情况一致，以避免因为产品不符影响口碑。

见微知著：促成交易的小细节不容忽视

在直播带货过程中，除了上述的态度、心理因素和各种技巧之外，其实还有很多非常小的细节也是不容忽视的，正应了那句"细节决定成败"。在直播间形成交易同样需要见微知著，从细节着手。

切记：千万别替粉丝做任何决定

从粉丝角度来说，最难以忍受的一种带货方式，就是主播变相替粉丝决定购买产品。最常见的就是"乞讨式带货""变相强迫式带货"：如主播以恳求的口吻带货，仿佛粉丝不买主播就吃不上饭了；又如以半强迫的口吻，告知作为自己的粉丝就应该立刻下单等。

其实从日常的角度来看，任何人都希望能够决策自由，即使是上学的孩子，也同样渴望自己自由自在地决策各种事件。粉丝进入直播间，最基本的目的就是能够获得放松、娱乐感，也就是说，他们最基本的渴求就是能够自由决策，想进就进，想出就出，不受任何限制，自然也不愿意被"情感绑架"或"道德绑架"。

所以，作为主播必须注意的一项细节，就是在直播过程中，千万不要替粉丝做任何决定，只需要用自己的真心和真诚，去打动粉丝，在得到粉丝的认可之后，再以一个为粉丝考虑的主播的角度，引导粉丝去自主决定是否购买产品。

当没有任何购买压力时，粉丝就不会有被强迫感或被胁迫感，也会更清晰地感受到你为粉丝们所争取的各种福利，从而也就会对你更加信任，最终会在愉悦之中自主决定是否购买，而且一般做出购买决定的粉丝并不会减少。

其实这种将决策权完全交给粉丝，不替粉丝做任何决定的做法，更容易被粉丝喜欢和接受。同时，粉丝的自主决策也能够给予粉丝自己一定的成就感，自然也就更加青睐进入你的直播间，形成直播黏性之后自然就会受到引导从而做出购物决定。

结合促销激发购买欲，紧张氛围不能缺

在直播带货过程，不替粉丝做出任何决定，是为了让粉丝心情更加舒畅，但并不意味着不去带动和引导粉丝的情绪。尤其是带货过程中，粉丝的购物欲望、粉丝的互动热情等，都需要由主播来激发和引导。

在完成产品的推荐、优势的解说之后，如果已经激发出粉丝们的购买欲望，下一步就需要主播能够抓住机会，结合你的促销活动激发购买欲，尤其是需要通过活动来营造出紧张的氛围。

这种紧张的氛围并不是直播间的紧张，而是产品数量、购物热情的紧张。比如，可以通过对应的话术来激发粉丝的购买热情，让粉丝感到再不出手就将失去购买的机会，这种以激发购买关系来营造紧张氛围的方式，通常能够引导粉丝快速购买。

如告知粉丝，此产品在如此大的促销力度下，商家所给的数量并不足够，如果直播间的在线粉丝有十万，完全可以说此产品仅有一万单，而且以成交量展示的方式，来反向营造紧张氛围，可以直接将剩余单数汇报给直播间的粉丝，让粉丝感觉再不下手就将错过。

这种营造紧张氛围的手法，通常屡试不爽，但前提是主播能够掌控住直播间的氛围，引导粉丝时能够张弛有度，促使粉丝形成巨大的购物热情，最终推动直播间的销量飙升。

别忽视一些特殊的小功能

在直播平台上，通常会有一些辅助性的功能和板块，这些小功能虽然看似不起眼，但在特定的条件下使用，却能够起到非常鲜明的效果。

其中一个就是直播间中的背景音乐功能，其实绝大多数直播间在直播过程中会配上精心选择的背景音乐，以便起到烘托直播间氛围、引导粉丝情绪的重要功能。

在直播带货过程中，尤其是上架产品的过程中，可以选择一个极为独特且专属的背景音乐，甚至可以将其发展为直播间的自带BGM，就如同在影

视剧中那些自带 BGM 的角色一般，当 BGM 响起就会让人自然而然代入对应的情绪，并联想到对应的人物角色。

直播带货过程中选定的 BGM，最好能够带动粉丝情绪，让粉丝在感受到紧张感的同时，又能够在购买完毕之后感受到特定的胜利自豪感，这就需要主播必须精心选择，并且能够长久使用，以便成为直播间独特的 BGM。

另外，有很多直播平台其实有特殊的模块展示功能，直播带货过程中，想要营造产品库存急速下降的紧张感，除了使用对应的话术和技巧予以刺激之外，还可以借助这些模块功能来将这种紧张感清晰地展现出来。如有些模块展示功能可以将购买了产品的粉丝 ID 进行呈现，有些模块的展示功能则能够将产品的剩余数量展现出来。

这种极具视觉化色彩的模块展示功能，同样可以有效烘托直播间的紧张氛围，从而推动粉丝情绪逐渐高亢，进入"抢货"的节奏，最终带动整个直播间的销量不断提高。

第九章

变现，靠的是你的流量

　　直播行业中，不同主播的最终目标，都是打造自己的流量池，然后借助不断增长的流量池，实现流量变现，在带给粉丝实惠和娱乐体验的同时，满足粉丝的需求，并为自己带来收益。从这个角度来看，想变现，基础必然是流量。

引流大法：要让流量流动起来

其实在直播间吸引大批量粉丝之后，主播就已经拥有了搭建独属于自身的私域流量池的资格和底蕴，也就是主播要搭建起属于自己的粉丝社群，将在直播间中吸引来的尚存在于公域流量池中，谁都能够争夺的粉丝群体，引流到属于自己的私域流量池中。这一方面不用再担心被其他主播抢走流量，另一方面也能够更好地与粉丝沟通情感、维系关系。而搭建粉丝社群，最大的目标，就是让属于你直播间的流量流动起来。

你的社群你做主

作为直播行业的主播，在建立你的粉丝社群时，需要由你自己来明确社群的定位、展示的内容和发展的方向。通常情况下，定位社群需要依托直播特色来明确，另外在搭建起社群之后，还需要为社群塑造一个标签，以提升社群的吸引力并辅助社群明确发展方向，之后则需要不断推出契合直播风格和发展方向的核心内容。

- **社群定位——流量从公转私的关键**

直播行业中粉丝社群的定位，通常包括两个方面内容。

一个是需要对社群运营机制进行规划，也就是要建立社群运营的目标，通俗来理解就是你需要明确搭建社群想要给予粉丝哪些东西，能够满足粉丝哪些需求。

当然社群运营机制规划不能一成不变，通常社群前期运营目标是维系粉丝群体黏性，在提升直播间热度的同时不断拓展流量池；而进入后期，运营目标则会发生变化，最主要的就是要维系粉丝和主播的信任关系，以便促使粉丝群体数量增加的同时增加黏性，完成流量从公域向私域的转型。

另一个则需要对社群的生命周期进行定位，也可以理解为主播搭建社群的初衷。因为直播过程中，很可能会策划一些特殊的活动，因此有些社群是基于活动而出现的，这种社群自然就只有较短的生命周期，当活动结束之后，社群的运营目标消失，自然整个社群就会完成任务从而不再具备足够的活跃度。

作为主播需要运营的社群，必须是持久的社群，即周期和直播间挂钩的社群，这就要求主播能够在搭建短期社群时，想好最终的粉丝转化手段，如可以将社群的短期目标转变为长期目标，或者将短期社群中的粉丝转化为新粉丝，然后以福利群的方式进行留存，过渡完成后再将这部分粉丝引到长期社群中。这时原有的短期社群就可以直接解散，以便减少维系社群的精力。

基于上述两个定位方向，主播需要从社群差异化方面去搭建属于自己的长期社群。这需要主播能够从自身的直播背景、风格、粉丝特点、社群内容主旨等几个角度着手，不断去深挖和完善社群的定位。

主播的直播背景和风格，其实是建立长期社群的根基，需要主播能够清晰地剖析自身，挖掘出属于自己的独特优势和特点，以便对标属于你的粉丝类型。

粉丝的特点分析则需要主播在不断的直播积累之中，明确粉丝群体的类型、结构和需求点。通常情况下，主播的直播风格、直播内容决定了粉丝的类型，而不同的直播效果则决定了粉丝的结构，直播过程之中的产品则决定了粉丝的需求点和痛点。

这些都需要主播在搭建社群之前就进行详细的分析和了解，以便打造出极具差异性，同时能够展示个人风格的长期社群。

社群的内容是社群长久存在并不断发展壮大的核心。作为主播可以根据自身的直播风格和特点，以及直播的内容和产品，来明确社群中需要出现的内容，如知识分享类主播的社群，社群中的内容除了对应的直播预告、亮点、优惠券、课程信息之外，还可以根据粉丝特点和需求，分享相关领域和粉丝感兴趣领域的知识。

·社群标签——流量池扩展和发展的基础

在完成社群定位后，下一步需要你为社群打造一个独属于这些粉丝的社群标签，以便对标目标粉丝群体，既能够增加转化为私域流量的粉丝黏性，也能够有效吸引对该方向感兴趣的目标粉丝。

社群的标签，是独属于你的私域流量池扩展和发展的基础，也是你的社群发展的大方向，可以逐渐聚焦相关领域和有相应需求的粉丝。

通常社群的标签需要有以下几个特点。

第一就是要极具辨识度，也就是要简明扼要、非常容易被辨认，能够让粉丝第一眼看到就理解是否符合自己的需求和兴趣方向。如服装类主播，就可以根据不同需求向的粉丝打造社群标签，包括运动风穿搭、职场形象塑造、家居轻装等。这样的标签不仅清晰明了，而且不会产生歧义，更能吸引相关领域有需求的粉丝进入。

第二则是能够明了地满足粉丝需求，也就是用针对性标签来提高社群对特定粉丝群体的吸引力。依旧以上述服装类主播为例，社群标签如果是运动风格，可以再明确为如"微胖女神运动穿搭"，这样对于特定的粉丝群体就拥有了非常强大的吸引力。

第三则是你的社群标签需要能够和你直播间中的产品完全匹配，只有标签和直播内容匹配，你才有机会在社群中发布各种相关信息，以便粉丝从社群反向关注你的直播间和直播内容。

·社群内容——塑造活性流量池的核心

社群的运营，最重要的就是要让社群保持足够的活性，而社群运营的关键和核心，就是社群之中发布的各种内容。在运营社群、发布社群内容时，作为主播必须确保以下几项工作。

一是需要把握好社群之中的核心内容，内容要确保和直播间风格、特点、产品等息息相关，而且需要有所延伸，能够让粉丝获取必要的益处，同时社群内容还必须积极正面，这样才能够让粉丝在社群之中感受到改变和进步。

二是要确保内容的输出能够让粉丝感觉到足够的价值，通常可以从福利、优惠、"干货"等几个方面着手。福利和优惠能够让粉丝对直播间产生更大黏性，而"干货"则是粉丝进步的根本，也是推动粉丝能够不断变好的核心。

三是社群的内容最好能够根据直播主题的变化而形成变化，既不千篇一律，又围绕产品、直播风格和特点。尤其是社群本就是粉丝之间线下沟通、主播和粉丝线下沟通的重要场所，所以最好能够让社群内容的主题，与时事热点、直播主题挂钩，在引发粉丝兴趣的同时，也能够带给粉丝足够的收获和娱乐感。

四是需要主播能够在社群之中引导粉丝参与话题，这样才能够不断刺激粉丝输出相应内容，从而为社群注入足够的活力和动力。

社群盘活秘诀：你做的不是一锤子买卖

想要在直播行业发展过程中持续实现流量变现，就需要拥有持久的发展目标和方向，这就要求在直播过程中能够不断留存粉丝、增加粉丝黏性、转化粉丝形成流量，最终才能够在粉丝社群帮助下不断实现流量变现。因此作为主播首先要明白，你所做的根本不是一锤子买卖，只有不断维系自身与粉丝的关系，不断满足粉丝的需求，才是持久发展之道。

而粉丝社群作为直播之外的重要沟通渠道，同样需要秉持不做一锤子买卖的理念。不断通过活动和技巧盘活社群，增加其中粉丝的活力，这样才能够推动直播间的良性发展。

·激发社群生命力

社群作为你的私域流量池，保持它的生命力才是流量能够变现的基础之一，因此作为主播就必须针对社群开展一些活动，以便保持社群内的活力，同时拥有活力的社群，也才能够不断吸引新粉丝加入并留存。

而针对社群的活动，通常包括各种福利、优惠券、红包等物质式刺激，以及设置互动话题、举办线下活动等手段。

借助物质类刺激激发社群活力是最常见的手段，通常可以在直播间设置各种活动，如新品上架、仓库大促等，或者是节日、纪念日、店庆等时，在社群中发放优惠券等福利，以便激发社群的生命力，同时有效增加粉丝的黏性。

如果是在社群内发放红包，则需要根据你的粉丝群体状态和特点，选择一个粉丝群体多数有时间关注的阶段，而且需要集中火力进行，确保这些刺激对粉丝的吸引力。

另外，作为主播还可以在社群中选择活跃度高、对社群维系贡献较大的粉丝进行特殊奖励，如针对直播间爆款产品、限定产品的福利折扣，让粉丝感受到自己的付出并非没有回报，能在增加粉丝黏性的同时，刺激更多粉丝为社群付出。当然，这种做法必须做到不厚此薄彼，对于有贡献的粉丝可以根据其贡献多少进行恰当的奖励。

在社群内设置互动话题，则是为了有效加强粉丝之间的沟通和联系，同时能够有效提高粉丝们的参与感。不过需要注意的是，设置互动话题时，话题的选择是关键中的关键，想让粉丝广泛参与，话题就必须能够引发粉丝的兴趣，也就是需要能够和粉丝产生情感共鸣，粉丝期望针对话题去发声。

另外则需要话题门槛低，最好让所有粉丝都能够参与，而且话题需要能够引发探讨，也就是说选择的话题不仅需要引发粉丝兴趣，同时需要易于出现多种见解，这样才能够不断激发粉丝参与谈论，形成良好的互动氛围。

通常选择话题时，需要针对粉丝群体的特点和类型来寻找，如果粉丝群体中女性居多，则应该选择服饰、妆容、家庭、爱情等方面的内容；而如果粉丝群体中学生居多，则可以选择毕业季、校园、职场小白领域相关内容，这样才能够广泛吸引粉丝探讨。

举办线下活动，通常是将粉丝聚在一起，主播牵头，实现彼此的面对面沟通交流和友情互动。但需要注意的是，作为主播在举办线下活动时，需要先有意识地在社群调动粉丝们的积极性，而且要通过社群加强粉丝之间的互动，让更多粉丝参与举办线下活动的期待和话题中。

而且，举办线下活动，主播需要牵头设置一个活动主题，该主题最好能够为粉丝带去价值，作为主播可以在活动过程中，通过面对面沟通交流和互动，挖掘粉丝的内在需求，倾听粉丝们的声音，以便在后续直播过程中能够为粉丝们排忧解难、解决问题、提高价值。

·挖掘社群的 KOL

KOL 指的是关键意见领袖。在直播行业社群中的 KOL，就是社群中对该群体最具行为影响力的关键意见领袖。通常社群 KOL 不仅能够引领社群粉丝，还能够有效代表社群粉丝的利益诉求。

因此在搭建粉丝社群并推动其发展完善的过程中，作为主播需要善于去挖掘和发现社群 KOL，以便推动社群的快速完善和蜕变。这需要主播能够在社群之中去挖掘和寻找。通常在社群中很难确定谁会成为 KOL，所以主播就必须去不断了解不同的粉丝在社群之中在扮演哪些角色。然后根据不同粉丝的不同角色，选择活跃度高、活动参与度高、下单影响力大、对产品反馈积极、社群内容输出参与度高的人，来培养成为社群 KOL。

因为 KOL 并非社群管理者，但却能够有效影响社群其他粉丝的行动，所以在挖掘社群 KOL 过程中，要针对社群大小来考虑好 KOL 的数量，通常 200 人左右的社群可以挖掘 4～5 名 KOL，并不断引导 KOL 参与社群的话题，不断增加 KOL 的影响力。

而且 KOL 通常拥有代表着粉丝群体利益需求的想法，因此在引导话题时，需要充分引导 KOL 发表属于自己的意见，以便让粉丝们感受到 KOL 的影响力和代表性。

挖掘 KOL 的过程，其实就是为了完善你的社群，而且也是最终社群实现裂变的基础。通常一个成熟的社群，会包含五项要素。一是社群粉丝都有相似的兴趣爱好，能够在社群中融洽地探讨相关内容；二是社群的管理结构足够完善，包括 KOL 引导整个社群价值观、成员完善、沟通原则明晰、管理极为规范等;三是整个社群能够为粉丝提供他们所需求的内容,这些内容不能仅靠主播提供,还需要KOL和其他粉丝积极参与提供和完善;四是拥有完善的运营机制,以促进社群能够长期存在并保持活力;五是最为重要的一点,就是社群的模式和状态,能够直接进行复制,这也是社群扩大规模的基础。

从上述成熟社群的特点可以看出,KOL在其中拥有非常重要的作用,是主播的社群运营助手,甚至是促使社群能够快速裂变、复制发展的重点。

变现方式:想变现,就得看菜下碟

直播行业最终的发展目标,都是实现流量变现,当你拥有了足够的粉丝,并将其转化为属于你的私域流量池后,下一步就是要通过具体的变现方式,将流量进行变现。比较常见的变现方式,主要是基于平台的变现方式和基于主播的变现方式两大类。

借平台变现

进入直播行业,必然需要借助各种各样的直播平台,而且在直播过程中,还会有各种相关平台参与其中,这些平台有时就能够帮助主播实现流量变现,也能够辅助主播在直播行业长久发展。

・会员变现

会员模式是很多内容生产平台变现的重要方式,比如绝大多数视频平台,因为涉及内容极为繁杂,包括影视、动漫、解说、短视频等各方面内容,所以为了实现变现,就可以推出购买会员的变现方式。

直播领域其实同样可以采用会员变现的方式，而且这种会员模式可以帮助平台获得更多信息和数据。直播平台的会员变现，和视频会员模式类似，均是由用户购买会员，获得观看各种直播的权利，同时享有由平台针对性推荐优质直播等服务。

这种会员变现模式，能够让平台和主播快速获得收益，同时平台还可以根据用户的观看数据和痕迹，获得更多的用户喜好数据，以便进行用户细分，这种用户细分还可以反哺给主播，从而能够使主播拥有更加清晰的发展方向。

另外，这种会员变现模式还能够逐渐培养用户定时观看直播的习惯，从而可以给平台和主播带来非常稳定的收益。最主要的是这种变现模式能够快捷高效地提升平台和主播的盈利水平。

· 广告变现

随着媒体的快速发展，广告业也得到了极大的推动。在直播领域，广告同样是非常便捷也极为常见的一种变现方式，当然，这种广告变现的模式，通常适合已经拥有较大数量粉丝的直播间，以及已经逐渐开始形成个人品牌的网络主播。

而且通常这种广告变现，平台和主播能够获得双赢，又因为直播过程中能够进行广告对应商家的宣传，所以也可以对商家产生好处。这种变现方式，只需要主播在直播过程中融入广告，即可获得不菲的收入。

其中的广告呈现方式，还可以根据特点分为两类。

一类就是硬展示，即在直播过程中，由主播直接对商家的产品进行介绍，呈现出的形态就是直播带货，由主播销售出去产品之后，平台和主播能够获取对应的商家给予的分成。

另一类是软展示，其实也就是软广告，通常会将广告的相关内容与核心，融入直播内容之中，在直播过程中会随着直播内容的呈现而实现广告效果，这种方式不会让粉丝感觉到过分突兀和直白，同时主播能够深化属于自己风格的直播内容，只要广告能和内容完美融合，内容展示时商家或产品也就会潜移默化被粉丝所熟知和接受。

• 任务变现

一些直播平台为了吸引主播进入、增加直播时间等，会开通针对主播的各种有偿任务，新进入直播行业的主播也可以通过完成直播平台的相关任务来实现变现。

当然，这种任务变现的模式所获取的收益不多，通常比较适用于新手主播。一般情况下，平台对于有偿任务会制定一定的直播要求，包括直播时长、直播进度、特殊任务方向等，作为新入行的主播，可以根据任务提示，一边完成任务一边锤炼自己的直播技巧。

• MCN 模式变现

MCN 模式属于一种多频道网络产品形态，是将直播领域的专业内容进行联合，借助资本支持，保障专业化内容的持续输出，从而实现稳定的变现。

其实这种模式说直白一点，就是一种挖掘网红、辅助运营、以推动网红经济实现稳定变现的商业模式，进入直播行业的主播也可以尝试向 MCN 方向进行发展。

当然，想依托 MCN 模式变现，作为主播首先需要拥有一定特质和特长，如需要对整个直播行业的运营、发展等相关内容极为熟悉和了解，并洞悉直播行业背后的逻辑本质，包括主播打造、渠道推广、团队建构、市场活动开展等。

另外还需要熟悉推广和宣传打造网红艺人的手法和方式，同时对各个平台的规则、特点了如指掌，对不同直播平台的资源构成极为了解，能够优化直播的机制、运营体系等，而且需要对整个直播行业的各种数据、特点、内容特色、粉丝需求等不断深化了解，并对直播行业的热点事物、时尚话题等拥有足够的敏感度，这样才能够有效成为打造网红主播的背后推手。

深挖自己，实现变现

除了上述的各种借助平台特点实现流量变现的方式，还有很多通过挖掘自身优势，以及通过运作直播间粉丝来实现的变现方式。

·刺激粉丝主动消费——打赏

打赏是新媒体时代最主要也最原始的一种变现模式。直播领域的打赏，就是在主播进行直播的过程中，粉丝对主播或主播所阐述的内容等有了认可和支持，所采用的一种直接用虚拟货币来表达认可感的行为。

这种打赏行为是最基本的变现方式，同时是粉丝完全主动的一种行为，即粉丝能够自主决定是否进行打赏，而且这种模式并非购买会员这种强制性付费，所以主动权完全在粉丝手里。

因此，主播在直播过程中想要获得粉丝打赏，就需要不断为粉丝带来优质的直播内容，同时还需要掌握一定的技巧。粉丝的主动打赏，其实属于一种在直播间中的冲动消费，有时候粉丝可能会因为主播的一个动作、一句话、一个行为乃至表情等，因为极为认可并获得了心理满足，所以才会进行打赏，相比较而言这种打赏消费行为，其实偏向一种缺乏理性的消费。

而且这种打赏行为也在一定程度上影响着直播间的发展方向和内容呈现方式。不过这种通过打赏来实现变现的方式，其实并不稳定，也就是说作为主播很多时候根本无法掌控收益，所以打赏一般无法作为主播的主要变现手段和收益方向。

·内容变现——付费观看

直播行业中还有一种和直播内容直接相关的营利模式和变现模式，那就是内容变现，通常表现为付费观看直播。这种变现模式，其实是知识付费在直播领域的延伸和融合，只针对优质直播内容，以及对特定粉丝群体有极强指导价值的内容。

需要注意的是，这种内容变现的模式，只适用于拥有一定粉丝数量且其中有大批量忠实粉丝或黏性粉丝的情况，同时还需要主播能够创作出极为优质的直播内容，对主播个人的内容原创能力要求较高。

其中最为主要的，就是必须拥有极为优质的直播内容，而且内容变现的付费观看模式，还有多种不同的形式，符合条件的主播可以根据自身直播间的特点选择最适宜的形式。

第一种形式就是先免费之后付费的形式，通常适宜刚刚开展直播业务的主播，即在一定时间段内，主播打造出非常优质的直播内容，然后免费推给对应需求的粉丝群体，这种先免费的直播方式能够广泛吸引粉丝并增加粉丝黏性。当粉丝积累到一定数量，主播获得了一大批忠实粉丝后，直播间的发展也开始步入稳步期，就可以对应推出付费直播内容，当然这种过渡需要注意方式和手法，不能一下将所有直播内容都转为付费模式，而是可以将直播内容进行分层，浅层免费，深层内容则付费，这样粉丝也更容易接受和实现心理过渡。

第二种形式是限时免费形式，虽然也是先免费后付费的形式，但针对的是对应的直播主题或直播项目方向，即这些直播主题和直播项目方向下的所有直播内容，在一定的时间段内是免费状态，通过这种免费状态的限时持续，广泛吸收感兴趣的粉丝。而且因为这种限时免费形式已经明言不是一直免费，而具体何时进行收费，可以引导粉丝关注社群和直播预告，也能够有效增加粉丝向私域流量池转变的效果，同时可以加强粉丝的黏性和互动性。

第三种形式则是折扣付费形式，就是虽然直播内容是付费状态，但主播可以将它包装成对应的商品，在推荐和宣传的过程中，将原价较高的付费直播内容，进行打折销售，让粉丝感受到实惠。需要注意的是，采用这种付费形式时，一方面需要抓住粉丝们对直播内容进行探究的好奇心，另一方面在粉丝认可直播内容后，要展现出内容的原价和折扣后价格之间的对比，这样才能够吸引粉丝付费购买。

·打造个人品牌实现变现

打造个人品牌来实现变现，是网红经济发展成型之后所孵化出来的一种商业形式，其核心本质其实依旧是流量变现，只是表现出来的方式更像依托个人品牌来实现变现。

这种打造个人品牌来实现变现的手法，主要包括依托个人影响力，获得商业和资本支持，从而通过广告代言、产品代购等来实现变现，当然，这种个人影响力其实就是个人的私域流量池的规模大小和发展程度。

第九章　变现，靠的是你的流量

此外，还包括个人品牌创建的方式，即在个人影响力达到一定水平后，主播可以将个人影响力转化为个人品牌，进行包装和塑造，从而让影响力为品牌赋能，最终获得品牌效应，借助品牌效应来打造产品或服务，从而获得对应的收益。

还有一种就是当个人影响力达到极高的水平后，则可以借助个人影响力来建立网红孵化项目，将个人影响力拆分到多个领域进行流量变现，打造新人网红，建立并完善供应链，从而形成成熟的流量变现产业模式。

· 产品变现——现场订购

有些主播进入直播领域，其实是拥有属于自己的产品和服务的，这种模式下发展起来的主播通常采用的就是直播带货模式，也就是说此类范畴的主播，最终的流量变现依托的就是产品或服务的销售，即借助产品来实现流量变现。

这种变现模式，可以直接在直播过程之中实现现场订购，若主播拥有较为庞大的粉丝基数且粉丝拥有较强黏性，这时主播借助优质低价且能够满足粉丝群体需求的产品或服务，即可在直播过程中完成流量变现的过程。

衍生变现：只要有流量，变现就不是难事

直播行业除了上述的基本变现方式之外，其实还有很多衍生出来的变现形式，当然这些衍生而来的变现形式，依旧是建立在流量基础之上，同样无法脱离流量变现的范畴。

有偿推广——服务变现

作为主播，当你的粉丝数量形成庞大的私域流量池之后，流量因素就会为你带来很多衍生变现机会，其中最常见的就是借助庞大的流量池，为企业、商家等提供有偿推广服务，以服务形式推动流量变现的实现。

如可以为企业提供对应的专业化直播服务，即借助自身的专业直播水平，来为需要专业拍摄设备和拍摄服务的企业，拍摄各种相关宣传推广直播、产品直播等，还可以在后续为企业提供对应的直播效果数据分析服务，从而带给企业专业化的直播体验。

这种专业化的直播服务，能够为主播带来更多的衍生变现机会，从而能够获得更多商业合作的机会，还可以通过专业性展现提高直播间的粉丝黏性。

还可以借助自身已经非常强大的口碑效应和影响力，与各种商家进行合作，作为商家的有偿形象代言人，在推广商家品牌、产品的同时，也能够加速你的流量变现。

有偿推广品牌的变现模式，还可以细分到主播个人商业价值的不同角度，如形象价值衍生变现、内容价值衍生变现、传播能力价值衍生变现、粉丝价值衍生变现。但是需要注意的是，不论做形象代言人还是单纯做品牌推广，在进行衍生变现之前，作为主播一定要对商家进行底蕴考察，以避免不良商家影响你的直播生涯和个人品牌。

版权衍生方向的流量变现

随着直播行业的快速发展，版权销售已经成为高质量内容变现的一种重要形式。这里的版权销售其实有两种形式。

一种形式就是直播间通过自身定位和风格，引进对应领域的优质内容版权，然后通过自己的加工和解读，以便实现版权衍生变现。

另一种形式则是直播间本身就是优质原创内容的生产者，同样可以将自己所创作的优质内容，转化为多版权形式，以便通过销售内容版权来实现变现。

第九章 变现，靠的是你的流量

前一种形式，其实需要主播选择好优质内容，然后进行前期引进，虽然需要投入一定的资本获取版权，但是通过对优质内容的挖掘，借助优质内容本身就具备的流量，通常能够带给自己直播间非常明显的收益。

其中最火爆也最鲜明的就是游戏版权衍生向的流量变现。随着电子游戏竞技的不断火爆，如果谁能够获得电子游戏竞技的赛事直播版权，自然就意味着非常庞大的收益。

借助游戏版权衍生的变现方式，通常有以下几种。

一种是游戏道具使用直播，能够让粉丝感受到道具的强大，从而引发好奇和购买欲望，当然游戏道具并不是由主播售卖，但作为主播完全可以从中获取流量变现的分成。而且在游戏中购买相关道具本身就已经是成熟的交易模式，相当于粉丝其实并未在直播间直接消费，但是却通过购买游戏道具获得了更好的游戏体验，这种形式不仅能够让粉丝更易于接受，也能够让主播和游戏运营商获得更好的收益。

另一种则是在直播过程中带入游戏广告，通过广告代言来获得收益。这种带入广告的方式在直播中最为常见，但真正能够促使主播获得收益，同时能够让游戏运营商拥有更多推广资源，以及可以让粉丝真正进入游戏之中，实现多方受益，通常需要依靠较为专业的游戏相关主题主播。毕竟这类主题的主播，一方面就是以游戏直播内容为主，另一方面自身也足够专业，同时在直播间所积累的粉丝也多数是游戏玩家，所以更容易实现多方受益。

还有一种通常针对的是专业的游戏主播，即以游戏联运模式促成流量变现，直白说就是游戏运营商和主播形成合作关系，游戏运营商为主播提供对应的游戏客户端、充值服务、系统资源等，主播则在直播过程中进行游戏试玩，同时还可以在直播间中为游戏提供广告位，从而形成游戏运营商和主播两者的合作运营。这种方式下，游戏运营商可以借助主播已有的粉丝群体和流量，实现玩家数量的增长，同时可以通过游戏内部的付费模式获得收益；主播可以获得游戏运营商的分成，同时激发粉丝群体的活力；粉丝则本身就是游戏发烧友，能够挖掘出一款好玩的游戏自然也会得到更好的游戏体验。

最后一种形式，则需要主播本身就拥有非常强的直播内容原创能力，即主播能够创作出极为吸引人气的直播内容。而且这些直播内容还有转化、衍生其他相关版权内容的优势。比如，一些漫画主播或绘画主播，会在直播过程中呈现自己的绘画过程，如相关漫画角色、绘画角色、场景，和某些游戏或IP的期望匹配，就可以彼此之间形成合作关系，由主播来为游戏或IP提供画作，游戏或IP针对画作形象和设定进行版权开发。

第十章

学会复盘，让更多流量变现

直播行业的流量变现，本质是依托粉丝流量，主播通过各种直播技巧、变现技巧和手法等，不断激发粉丝流量变现。而要想让你的流量创造出更大的价值，让更多流量变现，就需要不断完善直播内容、塑造直播风格，不断去贴近粉丝的内在需求和预期。

想做到这一点，作为主播最基本的能力之一就是要学会对直播过程进行复盘，也就是通过分析每一次直播过程中的问题、不足等，不断完善自己的直播过程，以便不断挖掘流量的变现能力和方式，从而获得更多的收益。

用户分层：一定要弄清楚粉丝的类型

直播行业里流量的变现，根源在粉丝，想要让流量能够最终实现变现，作为主播就必须知道自己的粉丝到底都是哪些类型，只有根据他们的类型有针对性地实施刺激，才能够确保流量生命力，也才能够最终获取收益。

粉丝的性格分类

随着你的直播风格和特点愈加明晰，直播间中的粉丝数量自然会不断增加。庞大的粉丝数量，就会让整个直播间宛如一个小小的社会交际圈，而不同的粉丝自然就会有不同的性格特点，这就要求主播能够针对不同性格的人，采用不同模式的沟通技巧和沟通方式。

"偏执杠精粉"，其实最大的特点就是个性鲜明且偏执，习惯和人起争执，也渴望将自己的意见发表出来，其实这是一种渴求他人认可的粉丝，但是他们在直播间开怼时，很容易影响直播氛围。这就要求主播能够及时进行阻拦，并对这类粉丝给予一定的认可后让他们安静下来，在直播休息或结束之后和他们私聊，认可他们的付出和观点，引导他们在直播间减少开怼，以便维系直播氛围。

"潜藏大神粉"，其实就是隐藏在你直播间和粉丝群体中的"民间大神"。他们在特定的领域非常专业，尤其是在直播过程中，他们发表的意见和论点，会受到众多粉丝的追捧和认可，但这类粉丝却同时显得非常低调，仿佛神龙见首不见尾。对于这类粉丝你千万不要忽略，因为他们完全能够成为你的专属专业意见库，你可以给这些粉丝打上标签并详细记录，当出现无法回答的专业性问题时，就可以交由他们进行引导和回答。

"虚荣爆棚粉"是一种非常喜欢炫耀的粉丝，他们的虚荣心很强，有了好的想法、物品等都会广而告之，渴望得到他人的强烈认可。对于这类粉丝，作为主播需要及时给予肯定和赞赏，以便满足他们的虚荣心。

"内心狂热粉"是一类热情洋溢，对人真诚又热烈的粉丝。对于这些粉丝，你一定要真诚以待，用一颗真心去面对，恰当给予关心和关怀，也要在直播间中时常征求他们的意见，他们不仅会非常热情地发表意见，而且能够很好地带动直播间的氛围。

"啰唆急性粉"是一类性子很急，但是表达又容易啰唆的粉丝。他们经常词不达意，从而很容易刷屏又说不到点子上。作为主播，需要快速总结这些粉丝的意见和需求，并替粉丝总结出核心意见，针对粉丝的需求则可以给予他们专业的建议，同时要引导这些粉丝不要过分着急，完全可以在想好问题后再提问，给予他们支持和鼓励，缓和他们的性子。

"幽默段子粉"是一批非常活泼又灵动的粉丝，非常善于发现幽默点，而且能够快速总结出段子，他们非常善于带动和丰富直播间的氛围。作为主播只需要引导他们不进行人身攻击即可，可以大方鼓励他们创作段子，甚至可以开办一个板块专门供他们展现才华，如在直播过程中设计一个段子大赛，并将段子金句融入直播间的布景或宣传内容中。

"情感细腻粉"是非常多愁善感的粉丝，他们情绪敏感多变，善于发现各种各样的情绪点，甚至有时会认为其他粉丝的话语就是在说他们。这些粉丝很容易陷入情绪化状态，而且通常不会在直播间破坏氛围，但会默默难受，甚至会在直播结束后在个人媒体平台吐槽。对于这类粉丝，主播必须及时发现问题，并耐心进行鼓励，引导这些粉丝不要胡思乱想，关注他们并给予关怀，让他们感受到有些话并不是针对他们说的。

"温和暖心粉"是一批非常清新、情绪温和而且非常暖心，经常表达自己对其他粉丝和主播的关怀的粉丝。对待这些粉丝，主播需要给予关注和重视，并及时表达感激，采纳他们非常正向的建议等，同样给予他们暖心之感。

"细节狂魔粉"是一类极为注重细节，而且非常善于发现各种漏洞和缺陷的粉丝。作为主播一定要重视他们所提出的各种细节，因为这些细节对提升你的直播效果有极大好处，而且一定要虚心接受并努力进行改变，最好能够让粉丝看到你的努力，以便让这些粉丝感觉到他们的意见受到重视。

"沉默是金粉"其实是直播间中占据比例最大的一类粉丝，他们会默默进入直播间，整个直播过程中可能一句话也不会说，只是围观。作为主播一定要明白，他们其实也是你的默默守护者，没有他们的守护，你的直播效果热度也无法达到预期。所以，你需要时常提及他们，并给予恰当的关怀，如有些粉丝一段时间未出现，完全可以关心地询问，即使得不到回答也需要让他们知道，你也在默默关注他们。

不同性格的粉丝，会有其不同的特点和习惯，在直播过程中，主播需要针对不同的粉丝性格，采用不同的应对手法和技巧，这样相处才能够让直播间的氛围更加和谐，同时能够让粉丝群体感受到平等感和满足感。

有时粉丝的性格并不容易显现出来，这时主播就可以从粉丝表现出的脾气着手，进行更恰到好处的沟通。

"好好脾气粉"，是一类脾气非常温和的粉丝，习惯性不争不辩，而且脾气永远如春风拂面般，不急不躁。对于这类粉丝，主播一定要时常给予关怀，并在他们受到攻击时做好维护，同时在互动过程中要引导他们参与，以便借助他们的好脾气营造和谐的直播间氛围。

"暴躁脾气粉"和"好好脾气粉"截然相反，是一批脾气急躁而且易怼人的粉丝，当然，这些粉丝并没有坏心，而是讲理和争辩的方法过于强硬，所以显得非常暴躁，而且他们的脾气通常来得快去得也快。对于这类粉丝，作为主播最好能够及时引导，避免他们和其他粉丝争辩，而且要避免硬碰硬，可以先服软捋顺"暴躁脾气粉"的脾气，待他们的脾气消散之后再讲理，自然就能够完美解决问题，也不会引发直播间的互怼大战。

"刷屏唠叨粉"很爱唠叨，因此在直播间时常刷屏，而且是一句话要说好多遍，很容易对直播氛围造成不好的影响。针对这类粉丝，主播需要展现

第十章 学会复盘,让更多流量变现

出对他们的关注,比如在他们唠叨时及时阻止并告知,已经了解了他们的问题或意见,对于依旧刷屏的粉丝,可以适当予以警告,以平台规则来劝说他们不要进行刷屏。

"好人卡粉"属于一种习惯自己退避三舍的粉丝,尤其是遇到争执和议论,就会直接退缩道歉,但是心里却过不去那个坎儿,独自生闷气。作为主播应该及时送上安慰,认可他们的建议,鼓励他们说出自己的心意,减少负面情绪的积累。

"多变脾气粉"其实很像小孩脾气,说变就变,宛如一个多面派时喜时怒,情绪上来之后很容易被带动。对于这类粉丝,主播需要及时给予关注,并恰当地引导他们摆脱负面的情绪,而且可以让他们带动直播间的氛围,展示出他们的热情和活泼。

"外冷内热粉"表现通常非常冷静,甚至有些不近人情,非常有冰山女王范(当然也有冰山男神范)。对于这类粉丝,作为主播大可不必强求,只需要时刻保持对他们的关注即可,当他们的不近人情被人攻击时,也要及时维护,告知其他粉丝,"外冷内热粉"的脾气秉性如此,其实他们内心很热情,请不要苛求他们改变自己的习惯。

"不急不躁粉"是一类说话做事从来都是不紧不慢状态的粉丝,仿佛没有任何事能让他们着急,不过也正是这种慢性子,很容易拖累直播间的热烈氛围,尤其是当他们发表意见时,也一直不紧不慢、晃晃悠悠,一句话恨不得分成无数段去说,惹得其他粉丝(尤其是急性子粉丝)非常着急。对于这类粉丝,主播需要及时引导他们准备好之后再发表意见,也可以让他们进行留言,而且需要及时进行反馈,避免直播间的热烈氛围被拖垮。

"快人快语粉"通常直来直去,不过有的时候自然会说话不经大脑,一些容易伤人的话会脱口而出,其实他们并没有伤害他人的意思,只是因为直来直去,所以很容易直言不讳得罪人。作为主播一定要在发现问题时及时进行提醒,同时还需要替他们圆场,告知其他粉丝,"快人快语粉"并没有其他意思,只是在阐述自身的想法而已,或者通过幽默处理手段等来缓和直播间的尴尬和消除误会，确保直播间能够保持和谐的氛围。

"情绪敏感粉"的脾气其实非常敏感，甚至在某些粉丝说出某些话时就会感觉在说自己，非常容易代入自身。对于此类粉丝，作为主播需要及时引导他们不要代入，可以直接先揽到自己身上，然后用轻松的方式化解他人的代入感，给予他们恰当的关怀，并夸赞他们敏锐的内心。

购物需求分类

在直播行业的带货领域，主播在带货过程中同样会遇到各种各样的粉丝，因为直播带货的最终目的是促进粉丝购物，因此可以从购物需求层面对粉丝进行分类。

通常从购物需求来看，粉丝有三大类。

一类就是进入直播间有明确购物需求的粉丝。这类粉丝通常有非常明确的购物目标，当选定自己需要的产品之后，就会果断下单。对于主播而言，面对这类粉丝最大的难点在于如何将这类粉丝留存在自己的直播间里。

因为此类粉丝有明确需求，而且非常冷静，并非冲动型消费者，所以想要将这类粉丝留存，主播就需要在直播带货过程中提高粉丝的购物体验，包括保证产品的质量、提供周到的服务、简洁科普向的性价比分析，让粉丝感受到直播间的与众不同。

另外则可以建立会员制度，通过折扣、福利来吸引粉丝，同时可以明确告知粉丝，如果有购物需求可及时反馈给主播，主播可以对应推新等，这样就能够让这类粉丝感受到主播的真诚，从而逐渐转化为忠粉。

而且需要注意的是，人与人之间的沟通交流，需要真情实感，虽然这类粉丝来到直播间是因为特定的购物需求，但作为主播应该通过技巧拉近与粉丝的距离，让粉丝感受到真情实感，而且粉丝购物之后也需要及时跟进，了解售后状况和产品体验，提供更加优质的售后服务，用真心才能换取到真心。

进入直播间的粉丝还有一类，他们只有一个大致的购物需求方向，但却没有明确的产品目标,如渴望增强自己的文化底蕴、想要吃到好吃的美食、想要穿适合自己的漂亮服饰,但却不知道应该选择哪个方向才能增强自己的文化底蕴,也不知道购买什么食物和服饰。

也就是说,这类粉丝的需求有方向,但没有具体目标。作为主播,就需要引导这类粉丝明确自己的目标,让他们的需求具体化乃至具象化。通常主播可以在直播过程中,引导粉丝将自己的需求方向表现出来,然后主播需要根据粉丝的需求方向,结合自身推荐的产品,营造一个能够满足粉丝需求的场景,这样才能够让粉丝拥有一个非常明确的具体化目标,最终实施购买产品的行为。

其实这也要求主播在直播带货过程中,不能一味进行产品介绍,一味推销产品,而是应该不断与粉丝进行互动沟通,引导粉丝提出自己的需求方向,真诚地和粉丝交朋友,从粉丝角度出发进行推荐,这样才能获得粉丝的好感,并能够将粉丝发展为你的忠粉。

再一类的粉丝其实根本就没有购物需求,或者主播在带货过程,就已经知道自己带的货并不一定是直播间粉丝所需的产品,这时如果想完成流量变现,就需要为粉丝创造对应的购物需求,即借助自己的技巧引发粉丝内心对这类产品的需求。

比如,以化妆品为主的直播间,本来粉丝群体的主要构成就是女性,主播推荐的化妆品自然也应该主要是针对女性的化妆品,但有时也需要主播能够推荐一些针对男性的化妆品,包括护肤品、沐浴露、洗面奶等。

通常情况下,这类产品根本无法激发女性粉丝的购买欲望,毕竟这不是自己的需求。这时如果你能够引导粉丝思考:为什么自己的护肤品、洗面奶、沐浴露用下去的速度蹭蹭快,很大可能就是男朋友、老公偷偷用了的缘故。这种引导不仅有趣,而且能够激发女性粉丝的需求感,尤其是当你推荐的男性化妆品还非常实惠便宜时,自然就更加能够激发粉丝的购买欲望,而这种购买欲望是基于"男朋友或老公"不再偷用自己的化妆品的。

主播可以根据粉丝群体的特征以及推荐的产品的特点,来挖掘和引导对此没有足够购买需求的粉丝,让他们感受到购买这些产品后其实对自己有更多的好处,这样就能够提高粉丝的购买欲望。

变现爆点:复盘数据,聆听粉丝的声音

直播行业的流量变现,是一个持久的过程,并不是说每次直播结束之后,变现就自然停止,要想让变现持续不断,作为主播就需要在直播结束之后,对直播过程的各项数据进行复盘,通过聆听粉丝的声音挖掘变现爆点,更加了解粉丝群体,明确粉丝的需求,以期后续直播过程中能够更加完美,实现更多的流量变现。

第十章　学会复盘，让更多流量变现

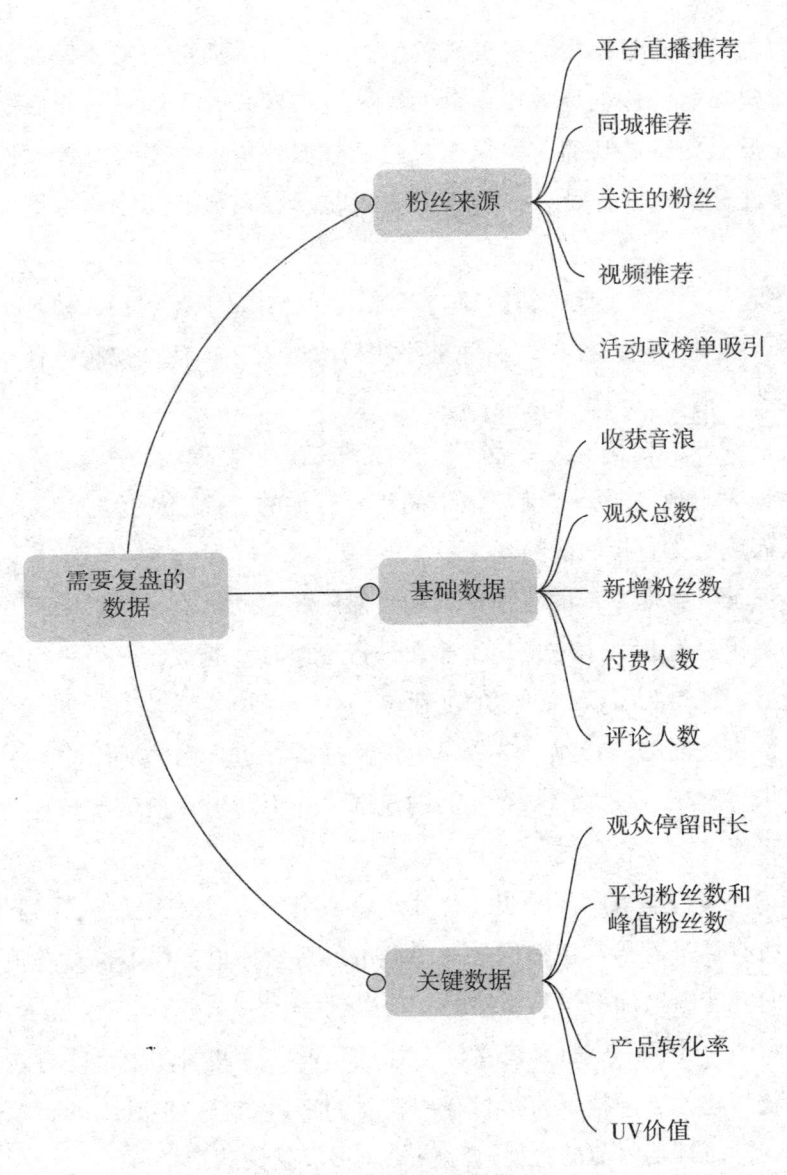

```
                              ┌─ 平台直播推荐
                              ├─ 同城推荐
                    ┌─ 粉丝来源 ─┼─ 关注的粉丝
                    │         ├─ 视频推荐
                    │         └─ 活动或榜单吸引
                    │
                    │         ┌─ 收获音浪
                    │         ├─ 观众总数
   需要复盘的数据 ──┼─ 基础数据 ─┼─ 新增粉丝数
                    │         ├─ 付费人数
                    │         └─ 评论人数
                    │
                    │         ┌─ 观众停留时长
                    │         ├─ 平均粉丝数和峰值粉丝数
                    └─ 关键数据 ─┼─ 产品转化率
                              └─ UV价值
```

直播后需要复盘的数据

复盘粉丝来源

直播过程中，总会有新粉丝进入直播间，甚至可能会在这一次进入后

179

就会转化为忠粉。要想挖掘流量变现的潜力，作为主播第一步要做的就是必须明白粉丝来源，这也是数据复盘的关键，毕竟只有了解粉丝到底是从哪些渠道被吸引到直播间的，并根据对应的数据分析，才能够有针对性地对直播过程进行优化和提升，以便吸引更多粉丝进入，并最终获得更庞大的流量。

通常情况下，直播过程中新粉丝的来源，主要有以下几种。一种是平台的直播推荐，一种是同城推荐，一种是关注粉丝进入，一种是视频推荐，还有一种则是各种活动或榜单吸引。

其中直播推荐，就是不同直播平台的直播推荐功能或直播广场，你的直播会在这些地方出现，当公域流量池中的粉丝对你的直播感兴趣时就可能会点进来，从而成为你直播间的粉丝。

一般情况下，直播平台的直播推荐和直播广场滚动推荐，与直播间的互动率、点赞量等息息相关，这也是主播在进行直播时，通常会提醒粉丝进行关注、点赞等，就是为了获得更高的推荐位。

而且通常直播间的新粉丝，多数是依托直播推荐进入的，所以作为主播一定要在直播过程中，注意维系直播间的氛围，并不断引导粉丝参与互动和点赞，以便吸引更多新粉丝进入。

同城推荐这一粉丝来源需要主播打开定位系统后，借助直播平台的同城推荐功能，将直播推荐给与主播同处一个城市的粉丝那里，这不仅具有很强的精准度，而且能够增加粉丝与主播的互动话题。

在直播间中，还有一大批是已关注主播的粉丝，这些粉丝中可能有老粉丝也可能有新粉丝，这同样是直播过程中粉丝的来源之一，但其中的新粉丝数量一般较少，而且是以前的直播过程使粉丝形成黏性的结果。

视频推荐则是主播进行直播预告或制作的各种视频，在被推荐的过程中所吸引的粉丝，属于一种视频引流手段。

在直播结束之后，主播需要复盘自己的粉丝来源数据，以便针对性提高自己直播间的曝光度，如视频推荐引流的粉丝数量有极大增加，意味着你的直播预告和制作的视频更容易吸引人，所以完全可以根据特性去引导后续直播预告和视频的形式，以便获得更好的引流效果。

复盘基础数据

不同的直播平台，会在直播结束后为主播提供不同的基础数据，如抖音平台的基础数据，主要包括五项内容：收获的音浪、观众的总数、新增粉丝数量、付费人数、评论人数，而且还可以对比以往的直播基础数据。

其中收获的音浪，是粉丝在直播平台充值获得代币等，然后在直播过程中可以使用代币购买礼物送给主播，这是主播非常重要的一项收入来源，其不仅代表着直播间受欢迎的水平，而且还代表着直播间的人气状况，数据的变化就代表了直播间人气的变化。

相比较而言，收获的音浪属于一项较为综合性的数据，与以前的直播进行对比，可以让主播感受到自己的变化和进步，并结合后续的数据来分析到底该在哪方面进行提高。

观众总数就是在直播过程中进入直播间的用户总数。这个总数决定了主播流量池的等级，而且观众总数还会和直播间受到的推荐程度相关，当观众总数较高时，直播画面就更容易获得平台推荐，以便让更多的用户刷到从而进入，因而观众总数是主播直播间粉丝数量增长的一个重要数据参考。

新增粉丝就是你的直播间在直播过程中所增加的关注粉丝的数量。通常新增粉丝数据和平台推荐力度相关，而平台推荐力度通常和平台的推荐算法相关，如抖音平台的推荐算法主要涉及互动频率、点赞数量和转发及评论数量等多项指标，指标越高则推荐力度越大，相对应的新增粉丝数量也就会越多。

作为主播，应该根据平台推荐算法特征，以及各项指标数据来针对性调整自己的直播过程，以期获得更高的推荐指标，从而得到更多的新增粉丝，使其进入自己的忠粉流量池。

付费人数其实是在直播过程中，粉丝为主播购买礼物或购买产品的数据，但此数据并不稳定，也不是复盘时的主要参考数据。

评论人数是指直播过程中粉丝参与互动时的评论情况，代表的是直播间的互动力度和互动效果。一般情况下评论人数是观众总数的5%～10%，如果数据过低，就意味着你在直播过程中互动效果不佳，就需要你去挖掘问题出在哪里，如是否直播话题、直播内容、推荐产品等对粉丝的吸引力不够，找到问题源头再进行针对性调整。

复盘关键数据

在直播过程中，直播间产生的各项数据中，除了基础数据之外还有一些非常关键的数据，同样需要主播在直播结束之后进行复盘，以便对直播效果进行深层次的评价和分析，从而有针对性地提高直播效果。

第一项就是观众的停留时长，就是在直播过程中观众进入直播间之后，在直播间留存了多长时间，这个数据能够有效衡量直播间吸引力。如果观众停留时长数据较好，就说明主播在直播过程中的互动技巧、产品选择、氛围营造、粉丝维系等各方面都非常不错。

通常观众停留时长越长，对直播间内的产品购买欲望也就越大，购买行为出现的概率也就越大，其中有效增长观众停留时长的小技巧，除了制作更加精彩的直播内容、学习更多直播互动技巧、针对性选择符合粉丝需求的产品、营造更加和谐热烈的直播氛围之外，还可以增加一些激励，如发放红包、互动抽奖、点赞数达标或粉丝数达标继续降低折扣，均能够有效留存粉丝。

第二项则是直播过程中的平均粉丝人数和峰值粉丝人数。平均人数衡量的是直播间内粉丝数量的波动情况，可以预估有效粉丝数量。同时能够根据巅峰粉丝数量和低谷粉丝数量，对比分析低谷出现的原因，以便复盘出到底应该从哪方面改进。

第三项就是产品转化率，指的是直播过程中下单购买产品的人数和观众总数的比值，这是衡量直播间整体收益的重要指标，也是反映主播掌控直播间氛围和直播效果的关键数据。

第四项则是 UV 价值（Unique Visitor 价值，即独立访客对网站或店铺带来的价值），直播间的 UV 价值指的是直播过程中产品购买额、虚拟礼物价值总和，与直播间观众总数的比值。这个数据所代表的是直播间有效流量的深层价值，也意味着引流效果。这需要主播关注各位观众，并做好对于观众的维护，以便在直播间用更小的成本实现更多的引流，实现更高的收益。

数据的复盘，需要主播在每一次直播结束后进行，一方面挖掘和寻找自身的不足，另一方面则需要自我审视和反思，总结直播过程中的经验和教训，根据这些内容进行针对性提升和改变，以便在后续直播过程中越做越好。

量身打造：做一个最宠粉丝的主播

直播行业想要实现发展和提升，核心必须围绕粉丝进行，也就是说，即使在完成直播之后，对数据进行复盘时，也需要从粉丝的角度出发，进行反思、完善和分析。想要让粉丝为你带来收益，那你就必须做一个最宠粉丝的主播，甚至能够为粉丝们量身打造直播内容，这样才能够获得粉丝的心。

借助数据复盘来挖掘粉丝的需求

粉丝的需求，最为简单也最常见的，自然就是娱乐和购物相结合的直播内容了，而粉丝的深层次需求或潜意识需求，则需要通过对数据的复盘来挖掘和了解。

- **粉丝的基本需求——购物 + 娱乐**

粉丝进入直播间，尤其是进入带货相关的直播间，其基本的需求自然就是购物，但是作为主播，必须清楚地认识到，粉丝虽然有购物需求，但是如果你仅仅是一味介绍产品，那么你和粉丝之间就必然存在隔阂。可能因为你的产品物美价廉，粉丝购买了产品，但粉丝购买产品之后，会自然而然地退出直播间，甚至不会有任何留恋。

毕竟这种直播模式下，粉丝和主播就如同是卖家和买家，但也仅此而已，你们之间的关系根本无法深入，粉丝也只是获得了一个还不错的产品，至于主播未来会卖什么，粉丝并不会非常关心，大不了下一次有需求时再去寻找对应的产品。

也就是说，如果你作为主播，在直播过程中仅仅是宛如机器般地推销你的产品，完全围绕着产品不断阐述，那么最终你的直播间必然普遍变成一锤子买卖，粉丝对你的直播间不会有任何留存的欲望。

想要促使更多流量变现，作为主播就必须明白一个底层逻辑，那就是直播过程中，粉丝的需求并不仅仅是购物需求，更多的可能还是娱乐需求，这也就需要你在直播过程中，能够让直播内容、直播风格、直播特点更具娱乐性，这样才能够有效留存粉丝，让粉丝对你的直播间念念不忘。

当然，如果在直播带货过程中，娱乐性内容过多必然会影响带货效果，因此作为主播需要适当把握娱乐性内容的比例，即在营造直播氛围、激发粉丝热情时，需要适当娱乐，但是当粉丝的热情、购物欲望等被激发之后，则需要抓住机会，将优质的产品进行适时推荐，以便满足粉丝的购物需求。

· 分析直播过程，挖掘粉丝的需求

虽然粉丝进入直播间的基本需求是购物＋娱乐，但这并非粉丝的本质需求，有些时候想要了解粉丝的需求，还需要对直播过程进行复盘，以此来挖掘粉丝的潜在需求，并最终通过满足粉丝的潜在需求来激发流量变现的潜力。

分析直播过程挖掘粉丝潜在需求，需要从以下几个方面着手。

一是需要仔细查看直播过程中粉丝的在线评论和各种弹幕评论，因为在直播过程中，粉丝数量极为庞大，作为主播不可能将粉丝的评论都了解清楚,但这并不意味着粉丝评论不重要。在直播结束后,主播必须对直播过程进行复盘,通过粉丝的评论来挖掘粉丝可能存在的需求。

二是需要对粉丝社群、各种社交平台的评论和留言进行分析,以挖掘粉丝的潜在需求,有些粉丝在直播过程中并不愿意参与各种话题,而是会静静地做一名看客,但是却会在社群、微博、留言板等处留下自己的评论。作为主播一定要重视这些内容,每次直播之后都应该对这些评论和留言进行关注。

三是借助社群话题来引导粉丝透露自身的潜在需求,比如利用社群举办各种话题活动,针对粉丝的需求来引导粉丝积极参与,从而在直播结束后的互动过程中了解粉丝的潜在需求。

将粉丝需求转化为卖点

通过复盘挖掘出粉丝的需求后,主播的工作并未结束,作为主播还需要将粉丝的这些需求,与直播间的产品进行融合,以便根据粉丝需求来打造产品卖点。

·卖点来源之一——兴奋点

挖掘粉丝的兴奋点,是形成产品核心卖点的一种重要手段,而粉丝的兴奋点通常包括两方面内容。

一方面是需求兴奋点,这个并不是简单的粉丝需求,而是根据粉丝的需求,结合日常生活逻辑挖掘出的内容。

以化妆品中的祛痘霜来说,虽然粉丝对祛痘霜的需求必然存在,但是不同的粉丝对祛痘霜的需求点并不完全一样,如有些粉丝仅仅需要祛痘,但有些粉丝在需要祛痘的同时,还需要去除痘印。

如果祛痘霜有去除痘印的重要功能,那么对于后一种粉丝而言,去除痘印才是他们的核心需求,只要能够着重阐述产品的该项功能,同时产品去除痘印的效果也肉眼可见,那么必然能够激发这批粉丝的需求兴奋点,从而形成购物热情。

另一方面则是情感兴奋点，也可以理解为能够激发粉丝情感共鸣的内容，让粉丝感受到自己在日常生活中的确有这种需求，从而才会形成强烈的购物热情。

就如前面曾经提到的男士洗面奶。通常洗面奶这种产品对应的需求者为女性，女性粉丝群体自然对男士洗面奶不感冒，但当主播营造一个非常常见的生活场景：男友或丈夫偷用女性洗面奶，如果有了男士洗面奶，女性的洗面奶就不会再被偷用。

这种生活场景就能够有效激发出女性粉丝群体的情感兴奋点，使她们获得共鸣，从而引发对这款产品的需求。

· **卖点来源之二——粉丝痛点**

很多时候，粉丝的痛点其实完全可以转化为产品的痛点甚至卖点，针对粉丝痛点和产品痛点，主播完全可以凭借多个手段来将其转化为卖点。

比如，一个产品价格相对较高，这种较高的价格自然就成了产品的痛点，甚至会成为粉丝的痛点，这时就不能在直播过程中去强化痛点，而是应该从产品另外的卖点着手，去淡化产品的价格痛点。如可以从产品的性价比着手，说明产品的高质量、优越性能、高质服务等，通过这些比其他产品更优越的卖点，弱化产品价格高的痛点。

又如，有些产品本身拥有较大的缺陷，粉丝也能够清晰地感受到，虽然不会影响使用，但毕竟属于缺陷，这份缺陷就成了产品的痛点和粉丝的痛点。作为主播可以增加附加服务，以此来解决产品的痛点，如针对缺陷制定一系列售后服务，包括免费置换等长久的免费服务。通过这种手段，就能够让产品的痛点成为卖点的载体。

再如，主播通过挖掘粉丝的痛点，将其转化为产品具体的卖点。拿耳机来说，尤其是无线蓝牙耳机，对粉丝而言最大的痛点就是耳机很容易丢，而且常丢一个，但丢一个剩下的也就没啥用处了。如果产品恰好能够解决粉丝的痛点，自然就会成为一个巨大的卖点：两枚耳机相隔超过一定距离就会进行报警，从而最大限度地减少丢失一只耳机的弊端。

第十章 学会复盘，让更多流量变现

当通过复盘了解和挖掘出粉丝的需求后，主播可以从粉丝需求着手，明确粉丝的痛点，然后根据痛点来挖掘产品的卖点；或通过淡化痛点的方式来突出卖点；或通过增加附加服务来解决痛点，让服务成为卖点；或直接将痛点转化为卖点——这些方法都能够有效激发粉丝的购买欲望。

第十一章

个人秀，你就是品牌

随着直播行业如火如荼的发展，很多商家乃至明星都开始入驻直播行业，这也使整个直播领域出现了激烈的竞争。在这样的环境之下，想要在直播行业持久发展，作为主播就需要考虑将直播间打造成你的个人秀场，并借助这个秀场塑造出属于你的个人品牌，这样才能够不断扩大个人影响力，支持你的直播事业健康长久发展。

打造人设：特色才是无可复制的魅力

主播个人品牌的打造，最基础的核心就是需要打造一个与众不同、极具特色又广受欢迎的人设，这样的人设拥有无可比拟又无可复制的魅力，也是支撑主播个人品牌的核心。

适合自己的才是最佳的

在直播间中，主播的人设一方面是主播所表现出来的状态和特征，另一方面则需要符合主播自身的性格和专业能力，从这个角度来看，人设打造就必须符合主播自身的性格和特点，也就是说要打造一个最适合自身的人设，这样的人设不仅能够让你在直播领域站住脚，而且让你在完善和展现人设时也更加轻松自如，毕竟这个人设就是针对自身特点塑造而成的，做真诚的自己自然更加轻松。

那具体应该如何去打造独属于自己又最适合自身的直播人设呢？可以从下面几个角度着手进行完善和挖掘。

作为一名直播行业的主播，你在打造人设时首先得对自己有个清晰的认识，这样才能够寻找到最佳的定位。你需要针对自身询问以下问题：我到底是谁？我的工作、经历又是什么？我的性格特性和外表特点是什么？我有哪些特长？我能够凭借什么获得粉丝的喜爱？

这个定位，其实属于一种自我的剖析和挖掘，以便让你对自身拥有一个更加深刻且清晰的认知，这是打造人设的根基和源头，在上述问题之中，任何一项都能够成为你直播的特点和特色，也是最终塑造个人品牌的基础。

拥有了对自己的清晰定位后，下一步就需要针对自身的特点，结合发展期望进行深入挖掘和强化。不论是谁，都会拥有多个比较鲜明的特点，但这些特点有时其他人也会拥有，你之所以是独一无二的自己，就是因为这些特点会在你的身上完美融合并呈现。

基于此，你就需要针对自身的特点进行大胆尝试和挖掘，寻找到最能代表自身，同时能够为大众所接受，还可以让人印象深刻不会忘却的特点，然后对特点进行挖掘和深化，不断强化特点在粉丝内心中的印记。

当然，在挖掘适宜自身的特点并将其深化为人设时，你还需要充分考虑到粉丝的接受程度，也就是需要从粉丝群体的需求出发来完善你的人设，毕竟你打造适合自己的人设，最根本的目的还是要让粉丝接受并喜爱，所以也可以从粉丝需求和喜爱角度去完善自己的人设，以便为后续的直播发展铺路。

当你明确了人设定位之后，下一步就需要长久地坚持下去，即在整个直播生涯中，能够坚持不懈去打造和完善定位好的人设，展现出你的成长和变化，但要确保人设的本质不发生偏移，只有这样才能够让粉丝感受到愈加清晰的直播人设，也才能够让粉丝与你的关系更加坚固牢靠，同时才可以不断借助人设去吸引更多的粉丝。

贴上带有差异化的标签

直播行业非常鲜明的一个特点，就是粉丝在刚刚进入直播间时，其实并不会关注主播到底是什么样的人，甚至不会对主播的人设进行深入研究。作为主播，如果想让粉丝快速了解你、认识你，最佳的方式就是为自己贴上一个既能够展现人设特点，又能够体现出差异化，同时还可以让粉丝快速接受的标签。

但是需要注意的是，作为主播你所贴的标签，并不是你直接用语言告诉粉丝的词汇，也不是你将特定的总结性词汇标签直接展示给粉丝，而是需要通过直播内容、直播风格等呈现出来。

而且这种标签，最好不要和其他主播的标签出现重复，否则打造自己的人设，让其成功化为自身标签将非常困难。也就是说，在贴标签时必须体现出自身与其他主播的差异化，需要以差异为出发点来打造人设、创造标签。

比如，带服装为主的直播间，即便打造个人设计、原创类服装的标签，也并不能体现出自身与其他类似直播间的区别，但是如果主播有自己独特的风格和特点，如喜爱养宠物、喜爱健身、喜爱读书、喜爱绘画，就可以将这些特点与原创设计服装进行融合，形成独属于自己的标签。这样一方面能够与其他主播形成差别，另一方面也能够展现出主播的特色，最主要的是更容易被粉丝接受和记住。

设计特色鲜明的直播亮点

定位好适合自己的人设，贴上独具特色的标签后，还需要主播在直播过程中，拥有特色鲜明的直播亮点，这需要你能够根据人设、标签、自身的语言风格和习惯等，进行契合自己人设和标签的设计。

具体而言，需要从以下几个角度着手进行设计，凸显出你的直播亮点和特色。

通常情况下，你的人设和标签，会让你和其他主播产生差别，那么在直播过程中，你也完全可以根据你的人设和标签来形成独具特色的直播亮点。仍以前述原创设计服装直播间为例，如果你本身很喜欢绘画，就可以将你的绘画能力、设计能力、原创能力融合后，设计出属于你的直播亮点。

比如，你可以在直播过程中，结合绘画能力和设计能力，根据粉丝的需求和特点等，来进行现场设计，既能够吸引粉丝们广泛参与，也能够体现出你的直播特色和亮点。

这其实偏向于挖掘独属于自身的专业技能，如果作为主播的你拥有特定的技能，就完全可以将技能与直播内容进行融合，比如，知识普及类直播内容，完全可以和你的书法技能进行融合，借助你的书法来呈现各种各样的知识，不仅能够让粉丝感觉到书法的魅力，同时能够让粉丝在获取各类知识时感到赏心悦目。

另外，你还可以根据自己的性格和语言特征，来形成独属于自己的直播风格，这种风格也能够成为无法复制的直播亮点。比如，你本就个性活泼、幽默风趣，那么在直播过程中，各种各样的直播内容均可以融入你的个性，通过幽默风趣的方式予以呈现，既能够让粉丝轻松接受直播内容，又可以呈现出你的与众不同。

又如，你本身知识渊博，涉猎广泛，就完全可以在直播过程中，进行各种直播内容相关知识点的分享和探讨，呈现出你的特点，形成独属于你的直播风格。

通常情况下，你的专业技能越出彩，个性风格越明显，当将专业技能和个性风格与直播内容进行融合后，就越能够吸引粉丝的关注，呈现出来的直播风格也就越明显，甚至人设和标签也会愈加突出，更容易让粉丝记住、喜爱和传播。

品牌基础：你的成功全靠粉丝

要想在直播过程中打造个人品牌，特色人设是推广自身、获得粉丝青睐的重点。但是需要主播注意的是，你的个人品牌最核心的基础，其实来自粉丝，也就是说，你的个人品牌能够打造成功并不断完善，必须借助粉丝的力量，甚至完全依靠粉丝的力量，粉丝才是你的个人品牌成型的基础。

你的品牌由粉丝重塑和传播

被誉为互联网预言家、完美预言互联网未来图景的《失控》一书的作者凯文·凯利（Kevin Kelly），曾写有一篇名为《1000名真正的粉丝》的文章，其核心观点就是，想在互联网时代，成为一名成功的内容创造者，那么你就只需要拥有1000名真正的粉丝即可。

这里的"真正的粉丝"，其实就是我们所说的铁粉、忠粉，也可以理解为能够在你的推荐和引导下，购买你所生产或推荐的各种物品、内容的粉丝。这是基于网络时代激烈的竞争力所形成的理论，其反映的就是粉丝庞大的价值，以及粉丝价值对网络时代创业者的重要性。

作为一名主播同样如此，粉丝对主播的重要性就如同水对鱼的重要性。在直播行业，铁粉对于个人品牌塑造的价值，主要表现在两个层面。

一个层面是铁粉的忠实性。铁粉之所以被称为铁粉，就是因为这批粉丝拥有非常强的黏性，对于主播而言，铁粉的重要价值体现为铁粉长久的留存性，即粉丝长久留存所带来的巨大价值。相比较而言，获得一名铁粉所需要耗费的精力、成本等，比获得一名新粉丝要大得多。在如今这个内容为王的网络时代，要想维系好铁粉，加强铁粉的忠实度，就必须时刻关注铁粉，为铁粉创造契合其需求的高质量内容。

一个忠实度极高的铁粉，能够为主播的个人品牌塑造奠定扎实的基础，他们就仿佛主播的忠实朋友，会源源不断地支持主播，并为主播的个人品牌宣传贡献力量。

另一个层面则是铁粉的宣传和推广，因为他们是主播的忠实粉丝，能够购买你所生产或推荐的各种物品或内容，所以他们并不需要主播请求就会自发对直播内容、主播相关的信息、直播推荐的产品和内容等进行分享、转发。这种分享和转发，完全源自他们对主播的喜爱和认可。

从主播的角度来说，铁粉的这种自发宣传和推广，能够有效提高主播的曝光度和口碑效益，也能够有效提高主播的个人品牌，作为主播自然需要为铁粉创作更加优质的内容，推荐更加物美价廉的产品，为铁粉创造必要的价值，这样才能够一直受到铁粉的喜爱和支持。

在铁粉转发和分享你的直播内容、直播产品、主播信息时，其实他们已经对你的个人品牌进行了重塑，融入了他们对你的情感、认可和追捧，因此对于你的个人品牌传播有着极为重要的作用。而且，这些铁粉同样拥有自己的交际圈，他们对你个人品牌的宣传，也能够有效吸引不同的新粉丝加入，从而对你的个人品牌建立、粉丝群体壮大都能够形成巨大的推动作用。

你的个人品牌要能够吸引粉丝

前文提到，你的个人品牌需要由你的铁粉来重塑和传播，他们能够为你的个人品牌起到极大的宣传作用。但这些都有一个重要的前提，就是你的个人品牌，必须塑造得能够吸引粉丝的目光，也就是说需要让粉丝认可并成为铁粉，只有这样，他们才会不遗余力地辅助传播和宣传。

要让你的个人品牌能够吸引粉丝的目光，作为主播的你就必须了解粉丝的特点。这里所说的粉丝特点，并不是特定粉丝群体的个性特点，而是整个粉丝群体所具备的一些共性特点，你的个人品牌必须依托这些共性特点来塑造和建立。

在网络时代，互联网技术的广泛普及，使得每个人每天都会接触到海量的数字信息，从这个角度而言，要想让你的粉丝更青睐你的个人品牌，你就需要尽全力使自己的内容足够精练，用最简单、最直接且最具吸引力的方式呈现出来，这就要求你的个人品牌能够不断突出核心优势，展现出属于你个人的最大特色和亮点，这样才能够让粉丝快速接受，并进行广泛的传播。

之所以粉丝更喜欢精练的内容，主要是因为任何一个人接收的信息都是有限的，尤其是在海量信息不断出现的网络之中，要避免自己被海量信息冲刷，就需要快速筛选信息，而快速筛选的根本，就是依托自身的兴趣和喜好进行对应的信息选择。

根据粉丝的这一特性，作为主播在塑造个人品牌时，就需要呈现出独属于自己的独特性亮点，使自己和其他主播拥有极大的差异性，这样才能够更快地让粉丝记忆深刻，从而吸引住粉丝的注意力，最终形成传播。

在直播行业，主播给予粉丝的第一印象是非常重要的，有时候粉丝对某个主播的喜爱完全是一种潜意识的感受，而且这种感受下形成的印象，是非常难以改变的，更何况粉丝每天还会被海量信息轰炸，所以打造一个个性凸显、特征明显的个人品牌，对主播和粉丝而言都非常重要。

作为主播一定要在打造个人品牌时深思熟虑，以便带给粉丝一个鲜明的第一印象，并在后续的直播过程中，不断去深化这种印象，确保个人品牌不会发生巨大变化，这样才能够更长久地留存粉丝。

而且，在竞争激烈的直播行业，层出不穷的直播平台和不断涌入该领域的主播，都会引起一个同质化非常严重的现象，这就很容易让粉丝们失去焦点，也就是说，如果主播在直播过程中没有极具特色、差异化明显的个人品牌，就很难让粉丝聚焦，也就无法吸引粉丝的目光和关注。

这就要求主播能够在直播过程中，不断打造独属于自己的个人品牌，以个人标签为例，最好能够简练且清晰，不要贴过多的标签，否则就无法让粉丝对你产生清晰的印象。只有在一个方向不断深耕，在垂直领域不断进行强化，让自己的特点和个人品牌更加凸显和明晰，才能够吸引粉丝将注意力聚焦到你的身上。

在每天海量信息不断的网络世界，粉丝其实经常处于非常缺乏安全感的状态，购物时更是如此。网络世界各色商品层出不穷，受到海量信息的干扰，粉丝一般很难把控产品的质量和优势，所以也就有了直播带货等直播行业的兴起。

如果你作为主播想要得到长久的发展，就必须明白粉丝其实非常缺乏安全感，所以需要你能够基于粉丝的需求，为粉丝提供更加优质的内容、产品，以便逐步打消掉粉丝的不安感，而且这种做法需要从入行开始一直持续下去。这样才能够逐渐打造出极具竞争力同时具有特色的个人品牌和个人口碑，也才能够让粉丝真心真意为你宣传和推广。

强化内核：让你的底蕴不断增值

直播行业的个人品牌建立和打造，除了形成特色人设、培养和积累坚定不移的铁粉之外，还需要不断去强化你的内核，也就是要以内容为绝对核心，不断丰富你的底蕴，这样你的个人品牌才会逐渐被打造为独属于你的IP，从而让你在直播行业不断增值。

前提——核心：内容为王

互联网时代，直播行业的发展必须秉承内容为王的理念，只有能够持续不断为粉丝输出高质量的直播内容，才能够不断强化和塑造出独属于你的个人品牌。

具体打造高质量内容的手段和技巧，已经在前面进行了详细分析，这里需要强调的一点是，高质量的直播内容，最好能够形成系列，或者前后有所关联、存在逻辑关系，这样步步为营的内容更容易吸引粉丝，而且也更容易形成粉丝黏性。

比如，如果你的直播间主推的是日常生活用品，那么就完全可以针对不同的生活领域和范围，创作对应的直播内容。可以先介绍普通的生活技巧，包括清理和整理各种较为表面的生活用品的方法等，然后深入特定场所，包括卧室、厨房、卫生间等，针对性制作匹配的直播内容，这些直播内容再与产品进行融合，自然能够吸引粉丝关注，最后可以再深入讲解生活死角的清理和保养技巧。

通过这种极具逻辑性和连续性的高质量直播内容的制作，主播能够有效吸引粉丝长久追随，从而自然而然形成粉丝黏性。在此过程中，你还可以根据粉丝群体的反馈、问题、互动等，不断去完善你的直播内容体系，让其更加完善也更加丰富。

手段——技巧：形成烙印

打造高质量直播内容是形成个人品牌的基本前提，更是推广和宣传个人品牌的核心。但只有高质量的内容，还不足以使你的个人品牌广为人知乃至形成 IP，你还需要一定的手段，那就是打造个人 IP 的技巧：稳固你的个人品牌，并让你的个人品牌成为烙印，深刻地烙印在粉丝的内心之中。

稳固个人品牌并促使其成为烙印，最基本的技巧就是塑造一个独属于你的个人品牌的记忆锚点。其与你的个人品牌标签有异曲同工之妙，但相比个人品牌标签，记忆锚点更加凸显也更具宣传力。

通俗来理解，独属于你的个人品牌记忆锚点，就是作为主播的你所塑造出来的一个口号、口碑、形象化品牌、鲜亮的标志、独特的人设、特定的风格等。

记忆锚点并不拘泥于形式，但必须具有鲜明的特色和亮点，而且这种特色和亮点必须能够深入人心，就如看到和听到"科技与狠活"，人们就会自然而然想到辛吉飞。

作为主播，极具你个人品牌风格的记忆锚点，需要你在直播过程中不断去挖掘，甚至有时粉丝会为你概括出独属于你的记忆锚点，你完全可以在感谢粉丝之余，将这些记忆锚点更清晰地展现出来，以便让粉丝听到、看到记忆锚点时，就能够自然而然想起你。

优化——总结：打造模式

当你能够一直秉承内容为王的理念，不断在直播间输出高质量的内容，并在直播过程中不断借助技巧来强化个人品牌，逐步稳固个人品牌并形成基于此的记忆锚点后，你的直播间发展也必然会进入正轨。

这时，你的工作重点就是要对整个直播流程进行优化。通过总结经验，发现问题、解决问题，逐步打造一个独属于你自己的特色运营模式，以便完成后续的复制和快速发展。

其实任何主播的直播流程都非常类似，尤其是从粉丝积累、留存、转化的角度来看，直播流程都是一样的，通常是在直播过程中，公域流量池的用户进入直播间，属于直播间中的陌生流量，或者说是路人。

这些陌生流量进入直播间后，可能会被你的直播内容、直播风格、直播效果吸引从而短暂留存，也可能有一大批陌生流量会成为真正的路人，逛一圈之后就会从直播间离开。

当有陌生流量进入直播间时，作为主播一定要快速抓住机会，运用自身的技巧和方式，来促使这些路人不再是纯粹的路人，而是受到你的吸引，或感受到你的直播魅力，从而实现短暂的留存。只要路人能够短暂留存，你就有更大的机会将他们转化为你私域流量池中的流量。

让陌生流量留存，最基本的手法就是降低门槛，也就是说你的直播内容必须能够让绝大多数人理解和清晰感受，如果是带货则需要价格能够让大部分人接受。

当陌生流量留存在直播间之后，其实这些流量就已经拥有了转化为独属于你私域流量的潜力。作为主播必须在直播过程中，抓住转化的机会，如可以在满足陌生流量需求之时，引导陌生流量进入你的粉丝社群，即使无法直接将陌生流量引导进入社群，也要让陌生流量成为你的新粉丝；如果在直播过程中陌生流量的需求并未得到满足，那作为主播更需要引导粉丝将需求表达出来，或引导陌生流量及时对你进行关注，以便后续能够针对性满足他们的需求。

这种运营模式，最基本的目的就是扩充你的粉丝数量，增加粉丝基数，同时稳固你的个人品牌在粉丝心中的印记，而且在扩充粉丝数量时，完全可以发挥铁粉的引导力，让铁粉来为你的个人品牌背书，有时铁粉极为自然又独特的推广，比你自己的宣传和推广更有效果。

当你将原本的陌生流量转化为粉丝，或者将原本的陌生流量引入粉丝社群之后，下一步你就可以借助各种营销手段和技巧，增加这些新粉丝的黏性，并在增强新粉丝黏性的过程中提升粉丝的满意度，这其实也是逐步在新粉丝内心烙印你个人品牌的过程。

新粉丝在内心认可你的个人品牌后，你的个人IP自然而然就会树立起来。这些粉丝同样能够快速形成二次裂变，这时需要主播能够及时给予新粉丝激励和回报，让他们感受到成为你的粉丝能够得到的收获和价值。

经过上述几个步骤，一个完全闭环的流量运营模式就形成了，其中不仅需要你能够不断创作优质的直播内容，而且需要你拥有足够的技巧和手段，能够对粉丝形成刺激，最终才能够逐步打造出独属于你的个人品牌。

自我推广：好酒也怕巷子深

在竞争激烈的直播行业，打造个人品牌其实只是起步。俗话说：好酒也怕巷子深。在这个网络信息爆炸的时代，个人品牌再鲜明、直播内容再优质，若没有好的吆喝，没有匹配对应的宣传推广，也根本无法捕获到更多的粉丝和关注，这就要求主播拥有自我推广的能力。

多平台多渠道推广

直播行业主播的个人品牌推广，首先需要借助现有媒体平台、媒体渠道等，对个人品牌进行宣传。这种推广不仅成本较低，而且覆盖面全，引流效果通常能够持续有效。

如主播自身的自有平台和自媒体，都可以成为个人品牌宣传推广的渠道，包括微信、微博等。

微信属于投递式、熟人圈推广，因此引流效果更加精准，而且更容易将用户转化为直播间粉丝，包括微信朋友圈和公众号，主播均可以进行个人品牌的建构和宣传。

微博则属于广布式推广，面对的是公域流量池的用户。对此，主播一方面可以在微博内容中呈现直播相关内容，树立个人品牌，另一方面还可以在展示位进行展示，以便增加个人品牌的曝光度，同时可以分享直播链接，以便实现公域流量池引流。

另外作为主播还可以借助各种活动，适时推广个人品牌，尤其是一些产品相关的展览、活动等，主播都可以将自己的直播预告进行推广，并将自己的个人品牌融入预告中进行宣传，借助活动等实现个人品牌的推广。

直播行业本身就是以粉丝用户为基础而得以发展的行业。作为主播想要实现个人品牌的推广，就需要在广阔的公域流量池中抓取用户和粉丝，因此在做推广的过程中，就不能仅仅依赖单一的平台，完全可以借助你的直播内容、直播风格，切入特定的领域之中，以便获取更多的曝光度。

如作为一名游戏解说主播，可以深入游戏领域的相关平台，将你创作的优质内容进行宣传和推广。如果是一名知识分享类主播，则可以在文学、相关影视领域进行延伸，让本来属于直播行业的优质内容，广泛深入不同的行业，吸引更多粉丝关注和认可。

在网络时代，完全可以借助媒体和网络不受空间和时间局限的特性，将你的优质内容、个人品牌进行广泛推广，加强内容与粉丝之间的联系，从而实现各方引流，既能够丰富你的私域流量池，又能够让你的个人品牌愈加凸显。

热点助力个人品牌推广

个人品牌的推广，除了借助各种平台和媒体进行广泛的宣传之外，还可以借助时事热点进行推广。虽然有一定蹭热度的嫌疑，但是只要你能够将热点与你的直播内容、直播风格进行融合，就能够做到潜移默化影响用户群体，也更容易吸引到大量的粉丝，更可以帮助你建立个人品牌。

需要注意的是，借助时事热点进行个人品牌推广，必须抓住时间节点和推广节奏，毕竟在网络时代，很多热点来得快也去得快，如果无法抓住时间节点和推广节奏及时出击，就很可能耗费了巨大精力却得不到很好的推广效果。

时事热点分为两类。

一类是能够预料的热点，最常见的就是各种游戏、电子产品等在出品之前，都会有产品的发布预告，以游戏和手机品牌商的新品尤为多见。

如果你想让你的直播内容和直播风格，能够与这些可以预料的热点相融合，那么这些发布预告就需要你时刻进行关注，并在产品真正发布之前就将对应的热点、亮点等进行分析总结，然后制作对应的宣传文案和直播内容剧本。

也就是说，要想搭上可预料的热点的快车，就必须做足准备，尤其是其他内容方向的主播必然也会竞相抓取这种机会，所以在制作宣传文案、直播内容剧本时，必须凸显出你的特色和个性，将独属于你的个人品牌融入内容之中，既能够彰显出你的特色，也能够有效吸引粉丝的关注，更容易让你的内容在竞争之中脱颖而出。

另一类是无法预料的突发式热点。这种热点的热度同样可以助力你的个人品牌推广，但是必须抓住热点的宣传时机。

一般情况下，热点发生之后的一小时之内，是借势推广个人品牌的最佳黄金期。这就要求一方面主播能够关注时事热点，在热点出现时能够快速反应，并形成借助热点进行个人品牌推广的计划。另一方面主播需要拥有快速总结和创作能力，能够在热点出现之后很短的时间内，创作出足够吸引人又能够展示热点以及个人品牌的内容，当然，这个内容不可能是直播内容剧本，而是各种宣传海报、直播预告、观点集锦、热点解说等能够快速成型的内容。

如果无法在热点发生后一小时内借力，那么就需要抓住热点发生之后的数个小时。热点的出现，通常有一个发酵期和分裂期，当成为热点后，这种发酵和分裂依旧会持续一段时间，作为主播可以在热点发生之后的几个小时之内，利用创意营销来推广个人品牌。

需要注意的是，热点发生一小时之后、数小时之内，想要借力这种热度实现个人品牌推广，就必须融入你的创意。如你本身是一名游戏解说主播，当热点发生一小时之后，完全可以依托你的游戏画面剪辑能力和你的解说能力，用游戏画面拼接的方式对热点进行解读，在其中再融入你的个人品牌，自然能够吸引更多粉丝的关注。

当热点发生六个小时以上时，个人品牌的借势推广效果将会快速削弱，因为此时所有领域都已经被激发并盘活，同时各种创意推广形式也开始不断出现，所以会形成巨大的竞争压力，借势推广效果将远远不如之前。而且随着时间的推移，热点发生时间越久，热度也会越弱，借势推广的效果自然也会越来越低迷。

也就是说，如果想借助热点推广个人品牌，作为主播就必须在热点发生后的六个小时内完成推广，否则就将无法借势，还可能会浪费你的大量精力和时间。这就需要你能够抓住时机，紧扣热点的关键节点，快速完成推广，这考验的是你的反应能力、应变能力和快速创作能力。

爆燃：个人品牌 + 企业品牌

进入直播领域的许多主播，可能都拥有自己的企业，也可能会和企业进行合作并成为代言者。这些主播的身上就不仅肩负着个人品牌的推广责任，还肩负着企业品牌的推广责任。

尤其是一些主播本身就有属于自己的企业，他们在推广个人品牌时，以企业品牌为主，个人品牌为辅，即让个人品牌去反衬企业品牌，着力提升企业品牌的知名度和美誉度。

这时完全可以将个人品牌和企业品牌进行绑定，而且比较适用于个人品牌影响力较大、企业品牌相对影响力较小的模式。其实在当前直播行业里，很多知名企业家、创业者是以这种形式发展的，借助他们拥有强大影响力的个人品牌，让用户了解到了企业品牌。

这种推广模式，其实就是以个人品牌为引子，借助个人品牌的影响力来推广企业品牌。个人品牌成了推广企业品牌的重要助力和推手，也推动着企业品牌的影响力大增。

在企业品牌形成影响力后，又依托企业品牌的影响力，推出多位主播，形成了一系列个性十足又极具特色的个人品牌，最终形成一个品牌矩阵。

另一种则是主播的个人品牌尚没有足够的影响力，但是相关的企业品牌已经有了一定影响力，这也是很多带货主播所处的状态。在这样的背景下，主播就可以借助企业品牌来推广自身的个人品牌。

个人品牌＋企业品牌的双向推广模式，需要不断进行积累，而且作为主播必须在推广过程中，进行双向推广，不能厚此薄彼，其中有几个关键点需要注意。

一个是最好能够以企业品牌为主，即使借助个人品牌影响力宣传企业品牌，其实也是以企业品牌为主的方式，目的就是有效提高企业品牌的知名度。而且在此过程中，作为主播还必须坚持自身的特色和风格，以保证企业品牌下的个人品牌有个性、易记忆。

另外一个就是在进行双向推广的过程中，需要确保个人品牌的价值观、理念、定位等与企业品牌的整体价值观和理念相匹配，尤其是不能使两者出现相悖的状况，否则均不利于两者的推广。

而且，必须以真诚的态度面对用户和粉丝，在提高产品质量、售后服务的同时，制作高质量的直播内容，真心实意为粉丝考虑，向用户输出有价值、有效果的内容，并且要融入自身的情感，这样才能够在提升品牌价值的同时推广个人品牌和企业品牌。